고객의 마음을 사로잡는 **상담사 누구나** 될 수 있다

고객의 마음을 사로잡는
상담사 누구나 될 수 있다

윤서영 지음

모아북스
MOABOOKS

아끼는 제자 윤서영 씨가 책을 냈다. 대화하는 듯한 문체로 기술한 이 책은 고객센터에 대한 총체적 이해는 물론 상담사들의 어려움과 발전 가능성, 관리자가 알아야 할 내용 등을 풍부하게 담은 총 6장으로 구성되어 있다.

이 책이 빛나는 가장 큰 이유는 저자 스스로 상담사로부터 출발하여 전문 관리자로 성장하면서 체득한 살아있는 지식을 기반으로 집필되었기 때문이다. 때문에 이 책의 내용들은 신입/전문 상담사는 물론 신입 전문 관리자들도 피부에 와 닿는 내용들이 많으며, 유머러스하고 진솔하게 쓰여졌다. 또한 신입 상담사와 관리자들이 고참이 되었을 때 직면할 만한 주요사항들 또한 일목요연하게 설명하고 있다.

본인은 이 책이 일반인들, 특히 취업을 앞둔 예비 고객센터 상담사들에게도 풍부한 정보를 제공하고, 올바른 고객센터 상담사 이미지 형성에 기여할 것이라 믿는다. 또한 업계의 신참 상담사와 관리자들에게도 일독을 권하고 싶다.

정 기 주
전남대교수
한국 고객센터 산업 연구소장
한국 고객센터 서비스학회 상임고문

기업은 고객만족을 통해 충성고객을 확보하는 것을 최대 목표로 삼는다. 충성고객은 어떠한 경우에도 배신하지 않으니 이들이야말로 경쟁이 심화된 오늘날의 시장에서 최고의 기반이 된다.

소비자로서의 내 경험에 기초해볼 때, 특정 기업 혹은 제품에 대한 충성은 만족이라는 차원을 넘어 해당 제품과 기업에 대한 신뢰에서 비롯된다. 그리고 이런 신뢰는 기업이 고객과의 의사소통 통로를 열어 놓고 고객 입장에서 최선을 다하는 경우에 발생한다.

이런 의미에서 고객센터는 고객과의 의사소통의 최접점을 담당하는 매우 중요한 입지를 차지하고 있으며, 고객센터의 상담사 또한 충성고객을 만들어 낼 수 있는 핵심적인 인적자원이다. 또한 상담사 스스로도 이 같은 차원에서 전문인으로서 자질을 갖추도록 노력하고서 자신의 성장을 꾀해야만 기업과의 소비자 신뢰에 도움을 줄 수 있다.

나는 소비자상담 교과서의 필자인 동시에, 오랫동안 소비자상담 교과목을 대학에서 강의해왔다. 저자는 처음 내 소개로 고객센터에서 사회의 첫발을 디딘 나의 아끼는 제자이며, 그런 그가 성공적으로 자신의 경력을 쌓고 전문인으로 책을 집필할 만큼 성장한 모습을 바라볼 수 있어 흡족하다.

이 책은 저자가 고객센터에서 전문가로 성장하는 동안 몸소 경험한 생생한 지식을 바탕으로 하고 있다. 상담사로서의 성공은 물론, 기업에게 소비자 신뢰라는 선물을 안겨줄 전문인으로 성장을 원하는 이들에게 아낌없이 추천한다. 이 한 권만으로도 고객센터 전문인으로 성장하는 데 부족함이 없으리라 사료된다.

이희숙

충북대학교 소비자학과 교수

어렸을 때부터 준비해서 원하는 일을 직업으로 갖는 사람들이 얼마나 될까요? 대부분의 경우는 여건에 맞추어 직업을 선택하게 될 겁니다. 저 역시 대학 졸업 당시 여건, 즉 스펙에 맞춰 직장을 택했고, 간절히 원하던 일이 아니었기에 입사 초기에 이직 갈등을 겪기도 했습니다.

그리고 지금도 많은 이들이 여건에 맞추어 취업을 하면서 다른 곳을 동경하며 떠나갑니다.

제가 일하고 있는 고객센터에서도 마찬가지입니다.

그런데 떠났던 대부분이 비슷한 환경의 다른 고객센터에서 비슷한 업무를 하고 있다는 점은 아이러니합니다. 철새처럼 떠돌며 정착하지 못하는 후배들을 볼 때마다, 고객센터의 특성을 잘 이해하고 그 안에서 자신의 커리어 플랜을 만들어 실천해간다면 일과 삶에서 성공할 수 있을 텐데 하는 아쉬움이 많았습니다.

최근 고객센터와 관련된 책들이 적잖게 발간되었습니다. 아주 고무적인 일입니다. 콜센터 운영 기법, 리더십, 동기부여, 상담사례 등 주제도 다양해지고 있습니다. 그럼에도 아쉬움이 있습니다. 대부분은 관리자의 관점에서만 쓰여진 책들이기 때문입니다. 고객센터에 근무하는 수많은 상담사들이 일터에서 꿈꾸고 성장할 수 있도록 도와주는 책이 절실했습니다.

『상담사 누구나 될 수 있다』는 고객센터의 A에서 Z까지를 상담사 관점에서 갈무리한 책으로 다양한 에피소드를 통해 고객센터를 일터이자 삶터로 여기는 상담사들이 자신의 커리어를 어떻게 성장시켜 나갈 것인가 고민하도록 해줍니다. 또한 고객센터 업무를 궁금해 하고 그곳에서 일하고 싶어 하는 예비 상담사들에게도 많은 도움을 줄 것입니다.

저자와의 인연은 우연을 가장한 필연이었나 봅니다. 고객센터 컨퍼런스에서 몇 번 만나 인사를 나누던 사이라고 생각했는데, 스쳐 지나가듯 했던 제 한 마디가 그에게 삶의 자극이 되었다고 합니다. 2년 전, 출산과 육아 문제로 고객센터를 그만두고 새로운 일에 도전하면서 어려움을 겪던 저자에게 "비교는 타인과 하는 것이 아니다. 어제의 나와 오늘의 나를 비교하라"고 말한 바 있습니다. 저자는 제 말에서 이 책을 출간할 힘을 얻었다고 합니다.

자신과의 싸움을 통해 빛나는 성과를 일궈낸 그의 책이 상담 업무에 종사하는 많은 분들에게 좋은 자극제가 되리라 확신합니다. 이 책의 발간을 축하드리며, 제게 추천의 기회를 주신 것에 진심으로 감사드립니다.

박진희

KT CS 고객서비스부문 서비스혁신 TFT 본부장

목 차

          상담사를 원하는 곳, 당신의 생각보다 많다

1장 잘나가는 상담사, 그들은 누구인가?

2장 준비가 끝났다면 실전 속으로

베스트 상담사, 바로 여러분의 미래다!

고객센터에서 자주 사용하는 용어

상담사를 원하는 곳,
당신의 생각보다 많다

불과 20여 년 전만 해도 고객센터라는 곳
은 일반인들에게 낯선 조직이었다. 지금 같은 대량생산과 대량판매,
대량쇼핑의 기반이 완벽히 갖추어지지 않았을 뿐더러, 고객 서비스에
대한 인식도 높지 않았기 때문이다.

게다가 팔려나가는 상품도 생활 소비재, 의류, 가전 등 유형 상품이
많았던 만큼 눈으로 보아 특별히 하자가 있지 않은 한 반품 교환 빈도
도 적었고, 문제가 있을 시 구매처에서 살펴보고 교환 ? 환불해주는
경우가 많았다. 그러다 보니 기업들도 물건을 생산하고 판매하는 생
산자 역할에 충실할 뿐, 고객 서비스에 대해서는 비교적 그 중요성을
깨닫지 못했다.

자, 그렇다면 지금은 어떻게 변했을까? 불과 20년 전만 해도 물건에 문제가 있다고 전화로 문의하는 사람 찾기가 쉽지 않았다. 하지만 이제는 많은 소비자들이 마트에 가서 물건을 사듯이, 쉽게 고객센터에 문의하고 답변을 받는다.

또한 문의 경로도 전화, 인터넷, 모바일 등 다양하다. 상황이 이렇다 보니 기업들도 서둘러 고객센터를 개설하거나 증설하고, 소비자 불만 해결 등 보다 높은 품질 서비스를 제공하기 위해 막대한 비용을 지불하고 있다. 심지어 고객센터 개설이 자연스러운 소비 환경 시스템으로 자리 잡히다 보니 고객센터를 제대로 갖추지 못했거나 필요성에 둔한 기업들은 사회적 신뢰도가 하락하는 현상까지 생겨났다. 실로 우리나라 최고 기업이라고 꼽히는 삼성이나 LG에 고객센터가 없다고 상상할 수 있겠는가? 만일 이 기업들에게 고객센터가 없다면 어떤 상황이 벌어질까?

이처럼 고객센터의 필요성이 급부상한 데는 몇 가지 요인이 있다. 물리적 기반으로는 첫째, 대형마트 등 대형매장의 활성화, 둘째, 온라인 판매로의 개척, 셋째, SNS(Social Network Service)의 확대 등이다 . 대량으로 다양한 물건을 사고파는 대형 매장이 들어서면서 필요에 의한 소비 이상으로 다양한 상품을 즐기는 소비자층이 등장한 것이다. 이들은 상품 만족도에 매우 민감하므로 기업들 또한 새로운 소비자군의 불만이나 기대에 응대할 전문화된 집단의 필요성을 체감할 수밖에 없었다.

나아가 인터넷과 통신 등 온라인 판매가 활발해진 환경도 고객센터의 확대를 불러왔다. 인터넷, 홈쇼핑, 스마트폰 등 다양한 상품 판로가 개발되면서 고객들을 안심시킬 만한 베이스캠프로서의 고객센터의 역할이 강화된 것이다.

나아가 비물리적 기반으로는 첫째, 소비자들의 인식 변화, 둘째, 기업 경쟁의 심화 등을 들 수 있다. 이른바 소비자의 권리 개념이 확산되면서, 이제 소비자들도 기업의 상품을 단순히 소비하는 것뿐만 아니라, 기업에 영향력을 미치며 다양한 만족과 불만족 사항을 전달하고자 한다. 그리고 이 바탕에는 기업 경쟁의 심화라는 사회적 변화도 깔려 있다. 동일 품목 상품에 대한 각 브랜드들의 경쟁이 심화되면서 기업들도 소비자들과 협력하고 이를 통해 기업 충성도를 끌어내야만 고객의 선택을 받을 수 있음을 인지하게 된 것이다.

나아가 이런 상황은 정부나 공공기관마저도 고객만족도 및 업무효율 향상을 위해 고객센터를 운영하는 상황을 가져왔다. 114, 112, 119 같은 대표적인 공적 서비스 외에도 현재 여러 공공기관들이 고유의 고객센터를 운영함으로써 인지도를 상승시키고 국민들과의 소통을 강화하고 있는 것이다.

그렇다면 이렇게 자주 이용하는 고객센터에 대해서 우리는 얼마나 알고 있을까?

지난 20년간 고객센터 시장의 규모는 비약적 발전을 이루었음에도 고객센터의 질적인 발전은 여전히 답보 상태이다. 문의 사항의 범위와 종류는 수직적으로 증가한 반면, 고객센터에 대한 소비자들과 사회의 인식은 아직도 10여 년 전에 머물러 있는 현실이다.

그중에서도 '고객센터에서 일하는 상담사'라는 직업 자체에 대한 인식은 더 그렇다. 현재 고객센터는 현대 소비 생활의 중심이자 기업과 고객의 소통을 담장하는 최일선이며, 그 만큼 상담사는 전문적인 스킬과 경험을 통한 발전 가능성 또한 무궁무진하다. 그럼에도 상담사를 일종의 기피 직종이나 비전 없는 직업으로 여기는 이들이 적지 않은 것은 왜일까?

이와 관련해 필자는 상담사라는 직업에 대한 인식을 높이기 위한 내외부의 노력이 동시에 필요하다고 생각한다. 필자는 SK 텔레콤 상담사로 입사해 13년간 고객센터 중간관리자, 센터장, 지원업무까지 시스템을 제외한 전 업무 영역에서 실무경력을 쌓아왔으며, 이를 통해 고객센터라는 공간과 상담사라는 직업에 대한 인식이 극히 부족하다는 것을 몸소 체험한 바 있다.

그리고 이 책을 쓰게 된 계기도 바로 이러한 상황에서 일반인은 물론 고객센터 상담사에 지원하고자 하는 이들에게 상담사라는 직업에 대한 청사진을 제시하기 위해서였다. 앞으로 더 많은 연구가 필요하겠지만, 기존 관련 서적 중 특히 소규모 콜센터나 취업 준비생, 고객센터 업무에 대해서 상담사 혼자서도 쉽게 접근할 수 있는 서적이 부족한 상태인 것도 안타까웠다.

필자는 이 책을 통해 다음의 몇 가지 사실을 전달하고자 한다.

첫째, 상담사는 전화만 받는 단순노동이 아닌 전문직임을 인식시키고자 한다.

둘째, 진로경로개척(Career PATH)을 정리해 상담사의 비전(vision)을 제시하고자 한다.

셋째, 실제 13년 동안 직·간접적으로 경험한 에피소드(Episode)를 삽입함으로써 이론에 대한 이해도를 높이고 새로운 운영 방안의 창출을 도모하고자 한다.

넷째, 쉬운 이론서로 고객센터 관련학과의 취업준비생, 상담사, 소규모 콜센터의 관리자 등 고객센터 업무에 대해 독학이 가능하도록 하고자 한다.

다섯째, 이와 같이 경험과 실무를 토대로 한 에피소드를 활용한 책이 앞으로 많이 출간되어 실무적용이 어려웠던 한계점이 개선되기를 희망한다.

여섯째, 포털사이트나 현재 운영진으로 활동하고 있는 카페에서 자주 접했던 질문을 이 책에 활용함으로써 실무에 많은 도움이 되고자 한다.

이 책을 읽으신 분들 중 부족함을 느끼는 분이 계시다면, 그 다음 관련 서적이 탄생할 수 있도록 도움 주시기를 권고하는 바이다.

윤 서 영

1

잘나가는
상담사,
그들은 누구인가?

1

'안녕하십니까?'에 감춰진
고객센터의 모든 것

고객센터(Customer center)만큼 다양한 이름을 가지고 있는 직종도 드물 것이다. 고객센터는 이외에도 콜센터(Call center), 컨텍센터(contact center), 텔레마케팅 서비스(Telemarketing Service) 등으로도 불린다.

이와 관련해 한국고객센터산업연구소(CIRC) 정기주 소장은 이 모든 용어를 '고객센터' 라는 용어로 통일할 것을 제안하고 있다. 이유는 '고객센터' 라는 이름이 이미 '콜센터' 나 '텔레마케팅' 의 의미를 포함하는 시장 지향적인(Market-Driven)용어이며, 고객센터의 주 업무인 '고객존중' 의 철학 또한 가미되어 있어 가장 적절하다는 것이다.

여기서 직종 명칭은 그 안에 업무 성격을 내포하고 있는 만큼 어떤 이름으로 불리는가가 매우 중요하다.

예를 들어 콜센터라는 명칭은 상담사가 단순히 콜만 받는다는 인식을 줄 수 있다는 점에서 위험성을 내포하고 있다.

같은 이유로 필자도 고객을 상담하는 네트워크 업무에 대한 명칭을 '고객센터' 로 통일할 것을 주장하는 바이며, 한국고객센터산업연구소(CIRC)의 설문조사도 '고객센터' 라는 명칭이 가장 많이 사용되고 있음을 재확인하고 있다.

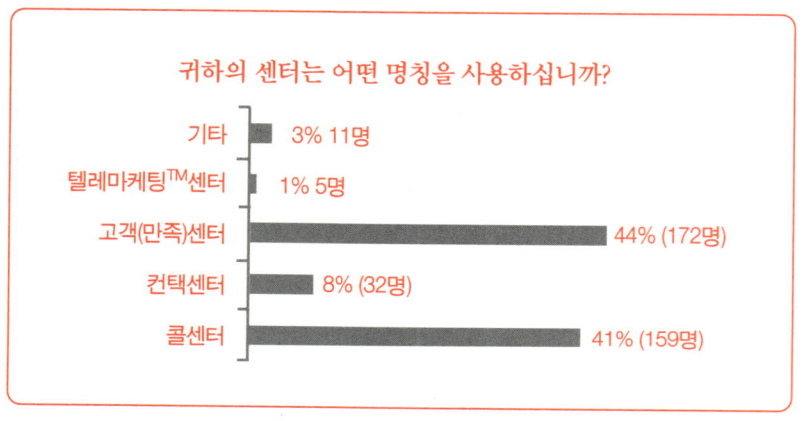

표1 명칭 관련 설문조사

귀하의 센터는 어떤 명칭을 사용하십니까?

기타   3% 11명
텔레마케팅ᵀᴹ센터   1% 5명
고객(만족)센터   44% (172명)
컨택센터   8% (32명)
콜센터   41% (159명)

출처: 한국고객센터산업연구소(CIRC) 사이트

실로 고객센터에서 업무를 진행하는 상담사(Customer Service Representative: CSR)[1]들은 그저 전화만 받는 것이 아니다. 그렇다면 과연 이들은 어떤 업무를 어떻게 진행하고 있을까?

한때 상담사 특유의 "안녕하십니까?"라는 인사말을 유행시킨 개그맨이 있었다. 그는 헤드셋을 끼고 자판을 치며 코믹하고 과장된 행동으로 상담사 흉내를 내서 시청자들에게 웃음을 선사했다. 물론 개그 프로라는 것이 일정한 과장을 필요로 한다는 점은 이해하지만, 속내

---

1 상담사라는 명칭도 국내에서는 전화 응대원, 상담원, 텔레마케터 등으로 대체되곤 했으나 오늘날에는 상담사의 역할과 중요성을 인식하고 상담사의 지위를 높이는 노력의 일환으로 상담사라는 용어가 확산되고 있다(곽상종 • 정기주 • 최수정, 2012)

를 이야기하자면 이 유행어로 인해 상담사들은 꽤 오랫동안 곤욕을 치러야 했다.

아니 많은 이들이 상담사를 떠올리면 과장된 친절함을 표현해야 한다고 오해를 하는 듯하니 오히려 이 개그는 상담사에 대한 대중의 이미지를 반영했다고도 볼 수 있다.

현재 전국의 고객센터 종사자는 40만 명에 달한다. 통계청에 따르면, 2012년 6월 23일을 기준으로 우리나라 인구가 5천만 명이 넘었다고 하니, 즉 우리나라 인구 100명 중 8명 꼴로 고객센터 관련 업무에 종사하고 있는 셈이다. 하지만 국민의 8%가 고객센터 관련 업무를 하고 있는 지금도 여전히 상담사는 3D 직종, 감정노동자의 꼬리표를 달고 회피 직종으로 인식되고 있다.

그렇다면 이 상황을 어떻게 돌파해야 할까? 물론 고객센터는 고객들의 다양한 불만과 의견이 수용되는 곳인 만큼 업무 강도가 높고 감정적 손실이 잦은 환경이다. 그러나 고객센터는 단순히 고객 상담이나 상품 구매의 창구 역할만 하는 것이 아니라 기업의 고객서비스를 대표해서 제공하는 전초기지로서 기업의 이미지에 큰 영향을 미친다. 바로 이 점 때문에 기업들도 체계적인 고객센터 운영을 필수적인 요건으로 인식하게 된 것이다.

앞서도 설명했듯이 고객센터 상담사들은 단순히 전화만 받는 것이 아니다. 이들은 상품과 기업의 이미지를 대변하고 고객들과의 소통을 위한 적재적소의 정보와 해결책들을 스스로 구축해나가는 고객 씽크탱크이다. 만일 훌륭한 상담사가 없다면 고객센터는 존재의 이유가 없을뿐더러 운영조차도 어려울 것이다.

그럼에도 일반 소비자들은 물론, 상담자들 스스로도 포지셔닝에 어려움을 겪으며 자신의 직업을 비하하는 현상은 고객센터를 불만 표출의 창구로 여기는 일부 고객들의 인식, 고객센터 업무에 대한 잘못된 사회인식, 상담사 스스로의 업무에 대한 미비한 이해 등이 장애로 작용한 결과일 것이다.

나아가 필자는 지난 13년간 일반 상담사부터 관리자까지 근무하면서 외부의 인식 변화를 도모하는 것과 더불어 상담사들 스스로의 인식이 바뀌지 않는 한, 이런 어려움이 사라지지 않으리라고 확신하게 되었다.

모든 직종이 그러하듯이 한 사람의 전문 프로 상담사가 되기까지는 다양한 어려움이 존재한다. 그럼에도 어떤 상담사들은 이직률 높기로 유명한 이 직업에서 전문인으로 탈바꿈 한다. 그렇다면 누구나 부러

원하는 포지션에 오른 이 베스트 상담사들은 어떤 비결이 있는 것일까? 그들은 타고날 때부터 프로 상담사였던 것일까? 그렇다면 이 다음 페이지에서 이들의 비결을 살펴 보기로 하자.

2

베스트 상담사는 타고나는 것이 아니라
만들어진다

주변을 둘러보면 많은 이들이 "나는 상담사 일이 적성에 맞지 않는 것 같아."라고 말한다. 그럴 만도 하다. 상담 업무는 강도 높은 업무임이 틀림없으며, 마음을 다치기도 쉬우니 누구의 적성에 맞기에도 쉽지 않을 수 있다. 이 때문에 상담사들의 이직률도 상당히 높은 편이다.

반면 100명 중의 8명은 고객센터 관련 업종에 근무하고 있다는 사실에서도 알 수 있듯이 고객센터 직종은 꾸준히 수요와 공급이 있어서 경기 추락으로 실업률이 높은 지금도 많은 구인공고를 찾아볼 수 있다.

그렇다면 생각해보자. 여기, 비교적 진입 장벽이 높지 않은 이 업무에서 우리는 무엇을 얻을 수 있을까? 어떤 이들은 상담사는 들어가기도 쉽고, 나오기도 쉬운 직업이라고 말한다. 하지만 나는 이것을 '입사하기에는 비교적 쉽지만, 프로가 되기는 어려운 직업'으로 바꿔 말하고 싶다. 그렇다면 일반 상담사로 들어와 높은 실적을 인정받고 관리자로 승급하는 '베스트 프로 상담사'는 어떤 과정을 통해 성장할까? 다른 직업도 마찬가지겠지만, 상담사 업무 역시 초기의 어려움을 이겨내는 것이 중요하다. 적잖은 일반인들이 상담사는 일종의 임시직이라는 오해를 가지고 있다.

만일 고객센터가 단순한 불만 상담의 역할만을 담당했던 20여 년 전이라면 이 인식이 아주 틀리지는 않을지도 모른다. 무조건 불만을 터뜨리는 고객들을 상담해야 하는데 매뉴얼이나 시스템 관리가 부재했던 과거에는 이를 감정적으로 이겨내는 것은 온전히 상담사 개인의 몫이었기 때문이다.

그러나 고객센터의 중요성이 대두되는 최근 같은 상황은 어떨까? 단적으로 말하면 현재는 각각의 고객센터마다 상당히 효율적인 전문 상담원 교육 ? 관리 체계가 이루어지고 있다. 상담의 기본은 고객들의 요구를 정확하게 해결하여 불만을 해소하고 신뢰를 얻는 것이다. 즉 고객을 응대하는 데 있어서도 충분한 기술적 인지와 경험이 필요하다는 의미이며, 많은 고객센터들이 교육과 직원 상담으로 이 부분을 교육한다. 또한 이런 과정들을 충분히 숙지했다고 하더라도 발생할 수 있는 감정적 문제들 역시 고객센터 관리 사항에서 필수적으로 고려되고 있다.

덕분에 요즘은 고객 성향 분석은 물론 각각의 불만사항들에 대한 다양한 대처 매뉴얼들이 상당수 개발되어 있을뿐더러, 업무 시간 동안 발생할 수 있는 스트레스 상황과 상담사들의 정서적 측면을 고려한 관리 시스템도 엄연히 이루어지고 있다.

김종규 박사의 아바타수입
김종규 지음 / 224쪽 / 값 12,500원

〈드림빌더〉 김종규 박사가 당신에게 묻습니다.
원하는 삶을 살고 싶다면 당신의 1순위는 무엇입니까?
풍부한 강연 경험으로 널리 알려진 김종규 박사의 '한 번 구축하면 평생 수입이 들어오는 아바타 수익 시스템' 을 현실적이고 단계적인 방법으로 상세히 기술한 책으로 시스템을 통해 평생 수익을 얻는 방법을 제시하고 있다.

절대긍정으로 삶을 개척한 드림빌더의 신화!
드림빌더
김종규 지음 / 278쪽 / 13,000원

'드림빌더' 이론은 아무리 작은 꿈이라도 일단 꿈을 품는 자는 성공의 계단에 들어서게 된다는 원칙을 중심으로 아무리 힘들고 어려운 상황에서도 꿈을 가지고 꿈의 성취를 지속시키는 자는 승리한다는 점을 말한다. 나아가 이 책은 풍부한 경험과 사례, 강력한 공식으로 큰 호응을 받고 있음은 물론, 현실 속에서 함께 꿈꾸고 그 꿈을 성취하고자 하는 많은 이들의 삶의 재기를 이끌어낸다.

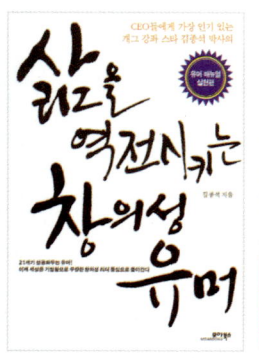 

삶을 역전시키는 창의성유머
김종석 지음 / 264쪽 / 값 12,000원

웃음의 달인
김종석 지음 / 192쪽 / 값 10,000원

CEO들에게 가장 인기 있는 개그 강좌 스타 김종석 박사의 유머 매뉴얼

삶의 진정한 주인이 되는 성공 매뉴얼

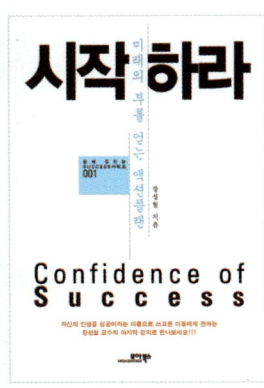

시작하라

장성철 지음 / 120쪽 / 값 6,000원

손에 잡히는 SUCCESS 총서 001

평생직업과 평생직장의 시대가 사라져간 지금, 우리는 새로운 변화 앞에 서 있다. 이 책은 망망대해처럼 보이는 이 시대 경제 흐름을 파악하고 미래를 예측하고자 하는 모든 이들을 위한 가이드북이다. 이 책에서는 진정한 삶과 행복이란 무엇이며 성공에 대한 확신과 함께, 그 길에 들어서기 위해서는 무엇을 준비해야 할지를 소개하며 그 길을 알려주는 1인 창업 로드맵을 제시한다.

네트워크 비즈니스가 당신에게 알려주지 않는 42가지 비밀

허성민 지음 / 132쪽 / 값 6,000원

손에 잡히는 SUCCESS 총서 002

네트워크 사업이라는 신개념 비즈니스에 참여하기에 앞서 반드시 짚고 넘어가야 할 핵심 42가지를 꼼꼼하게 제시한다. 네트워크 사업에 대한 깊이 있는 성찰까지 고루 담고 있는 만큼 네트워크 사업을 처음 시작하는 이들에게는 필수적인 지침서 역할을 한다.

액션플랜

이내화 지음 / 208쪽 / 값 9,000원

손에 잡히는 SUCCESS 총서 003

평생직업의 시대에 든든한 자산이 되어주는 것은 인간관계임을 깨우치고, 고객의 개념을 어떻게 정립하고 어떻게 나의 고정자산으로 만들 것인지에 대한 방법론을 제시한다. 고객을 내 편으로 만들기 위한 사고의 전환, 행동의 전환을 유도하는 가이드북으로써 구체적인 고객관리 매뉴얼을 제시한다.

건강의 재발견 벗겨봐

김용범 지음/ 272쪽 /13,500원

섣부른 의학 지식과 상식의 허점을 밝히며, 증명된 치료법도 수위와 내용이 조금씩 다르고 서로 다른 환경에서 받아들여야 하므로, 이를 맹신하는 것은 위험하다고 지적한다.

음식의 재발견 벗겨봐

김권제 지음 / 288쪽 / 값 13,500원

알고 먹어야 제 맛이 나는 음식 이야기,
의미를 알고 먹으면 음식의 진수를 만날 수 있다.
무심코 먹고 마시고 즐겼던 음식에 어원이 있다는 사실을 알고 있는가. 그 이름이 되기까지 누군가는 운명과 함께 했으며, 한 나라의 역사가 바뀌기까지 했다. 우리가 자주 먹는 음식이고, 일상생활에서 쉽게 접할 수 있는 음식의 어원을 모았다.

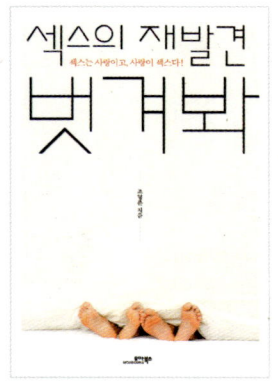

섹스의 재발견 벗겨봐

조명준 지음 / 312쪽 / 값 13,800원

시간이 흐를수록 사랑이 시들해져가는 이유는 뭘까?
사랑과 섹스를 구분하지 마라! 섹스에 대한 고정관념을 바꿀 화제의 신간, 섹스의 레시피! 왜 사람들은 사랑과 섹스를 동일시하면 당황해할까? 섹스에 가슴 벅찬 감동이 없다면 그것은 이미 섹스가 아니라는 것. 섹스를 빼 놓은 사랑은 이미 거짓된 사랑이고 사랑을 빼놓고 섹스를 말한다면 그 역시 거짓된 섹스에 불과하다고 일침을 가한다.

이 같은 상황에서 중요한 것은 이 매뉴얼과 관리 시스템을 관리자들이 얼마나 잘 활용하고, 상담사 또한 이 부분을 인지하여 자신의 성장에 발판으로 삼는가이다. 즉 상담사도 하나의 전문 직업인으로서 그 직업에 걸맞은 소양을 갖춰가는 것이 중요해진 시점이며, 따라서 "이 직업은 나에게 적성이 맞지 않아."라는 말로 모든 것을 설명할 수 있었던 시절은 지나버린 것이다.

고객센터 운영에서 관리자 역할이 중요해진 것 또한 이 때문이다. 눈코뜰새 없이 굴러가는 근무 시간에 새로운 비전까지 찾아가야 하는 상담사들에게 적절한 순간 조언과 지도를 전해주는 관리자가 없다면 상담사들은 자신감을 잃고 포기할 가능성이 높기 때문이다.

앞으로 이 책을 통해 하나씩 알게 되겠지만, 상담사들이 특히 곤욕을 겪는 상황은 고객들의 클레임이 전달되는 이른바 불만콜을 받을 때다. 그리고 이 불만콜을 해결하는 동시에 이 부분에 대한 정확한 매뉴얼을 숙지함으로서 문제 해결을 용이하게 하고 상담사를 보호하는 것이야말로 상담사와 관리자의 오래된 숙제이자, 앞으로도 해결해가야 할 숙제일 것이다. 고객센터로 많은 인력이 유입되는 동시에 이직률 높은 것도 이 문제와 긴밀히 연결되어 있다. 이 부분에 대해서는 차차 살펴보도록 하겠다.

마지막으로, 필자는 때때로 처음 상담사로 입사했을 때를 떠올리곤 한다. 확실히 관리자가 되고 난 뒤에는 상담사들의 어려움에 둔감해지기 쉽기 때문이다. 그리고 필자는 많은 상담사들이 부정적인 마인드에 사로잡히거나 전문적 상담사로 나아가는 것을 체념하게 만드는 요인 중에 하나가 '비전에 대한 확신'의 부재임을 깨달았다. 상담사가 비전이 있는 직업인지 의문을 품는다는 의미이다. 이 부분에 대해서는 다음 장을 살펴보자.

3

상담사는
비전(Vision) 있는 직업이다

내 대학 졸업논문의 주제는 '고객센터 소비자 만족도' 였다. 연이어 대학원에서는 고객센터 전공으로 전자상거래학을 전공했다. 이 과정을 통해 얻은 것도 적지 않았지만, 무엇보다 나를 성장시킨 것은 관리직으로 승급하여 보다 깊이 있게 상담사의 역할과 비전을 고민하게 된 이후부터라고 할 수 있다.

내 대학교 동창 중에 함께 고객센터 입사동기로 입사한 친구가 있었다. 그녀는 상담사 일을 버거워했고, 결혼하면 회사를 그만두겠다고 종종 말하곤 했다. 그 말대로 그녀는 결혼 후 출산을 하게 되면서 정말로 일을 그만두었다.

그러던 어느 날, 그녀는 아이를 낳고 재취업을 준비하기 시작했지만 어려움에 빠졌다. 전형적인 주부가 된 그녀를 반기는 회사는 없었다. 심지어 상담사로 재취업하기도 만만치가 않았다. 재취업으로 고민하던 그녀의 "난 평생 평사원만 하다 죽으려나봐." 라는 말에 사실 필자는 의아할 수밖에 없었다. 평사원인 상담사에서 관리직으로 승급하기 위해 노력한 다른 친구들에 비해 그녀의 말은 너무나 안이하게 들렸다. 또한 그녀는 상담사에게는 비전이 없다고 누누이 말해왔던 차였기 때문이다. 이쯤에서 다시 한 번 질문하고 싶다. 그렇다면, 상담사는 과연 비전이 있는 직업인가? 에 대해 알아보자.

표2 2011년 이후 직업전망

뜨는 직종		
제조업	자동차, 고급가전, 섬유가죽업계 종사자 환경영향평가사, 수질전문가, 대기전문가, 폐기물전문가	😊
서비스업	부동산 가치평가사, 부동산 금융전문가, 부동산 법률컨설턴트	
	국제금융전문가, 기업 M&A전문가	
	국제협상가, 무역전문가, 지적재산권 관련 변리사	
	고용상담원, 헤드헌터	
지는 직종		
농업	전 분야 종사자	🙁
제조업	제약부문 종사자(제약회사 영업직 포함)	
서비스업	특화하지 못한 변호사, 금융업계 종사자	
	케이블 TV프로듀서, 음반 기획가, 출판기획가	
	영세 미용업자	

출처: 김준성(연세대 직업평론가), 2011, 한미 FTA 후 직업의 미래

위의 표2는 직업평론가인 김준성 교수가 제안한 직업전망이다. 표에서 보여지듯 서비스업은 전망이 좋은 직업란에 포함되어 있다. 물론 서비스직에 대한 견해는 천차만별이며, 상담사를 서비스직 중에 어느 범위에 포함시켜야 할지 논란도 있다. 그러나 나는 고객센터야말로 서비스직의 핵심 첨병이며, 따라서 상담사들이 없다면 현대 소비 사회의 서비스는 애초에 성립되지 않는다고 주장하고 싶다.

나아가 이 같은 서비스직의 성장과 더불어 상담사 고유의 직업에도 비전이 분명히 존재한다. 필자 역시 표본 중의 하나겠지만, 현재 상담사로 시작해 다양한 분야로 컨버전스하며 자신만의 커리어 패스

(Career PATH)[2], 즉 직업경로개척에 성공한 수많은 상담사들이 존재하기 때문이다.

필자는 지금껏 비전이 없어서 회사를 그만두겠다는 수백 명의 상담사들에게 다음과 같은 질문을 해봤다.

"상담사 직업의 비전에 대해서 인터넷에서 한번이라도 검색해보거나 찾아본 적이 있나요?"

그런데 놀랍게도 이 질문에서 단 한 명의 상담사에게도 긍정적인 대답을 듣지 못했다. 지금이라도 강조하자면, 상담사라는 직업에 도전해보고자 하거나 행여나 이 일을 하면서 이직을 결심한 적이 있다면, 본인의 직업에 대해서 한번이라도 찾아보거나 공부하라고 권하고 싶다.

앞에서도 설명했듯이 상담사는 결코 임시직도, 소모적인 직업도 아니다. 사회적 인식이 낮고 업무 강도가 예상보다 높다는 몇 가지 장벽에 맞서 싸울 만한 충분한 가치가 있는 직업이다. 중요한 것은 내 직업의 비전을 누군가가 수학 공식처럼 정확히 산출해주기를 기다리지 말고, 스스로 공부하면서 살펴 나가려는 욕심과 노력이다.

---

2 Career path: 개인의 전 생애를 통한 직업 생활 동안 일과 관련하여 승진 등의 직급 간 수직적 경로 이동과 부서 이동 및 이직을 통한 수평적 경로 이동을 포함하는 진로 변화의 연속적인 흐름을 의미.

마지막으로, 직업에 대한 이유로 이직(離職)을 결심했다면, 고객센터를 완전히 떠나라고 말해주고 싶다. 현 상담사에게 설문 조사한 결과, 전 직장이 고객센터였다고 답한 결과가 25.5%였다(김기만, 2008). 또한 업계에서는 40% 정도의 상담사가 고객센터 내에서의 이직을 반복한다고 추정하고 있다. 고객센터가 힘들다고 계획 없이 이직한 경우, 울며 겨자 먹기로 다시 고객센터로 입사하게 되는 것이다.

인상 깊었던 한 면접생이 생각난다. 그녀의 첫 번째 고객센터 입사 연도는 필자와 같은 2000년이었다. 그녀는 20대 초반부터 1년 일하고 2년 쉬는 과정을 계속 반복해왔고, 어느새 30대의 나이가 되어 있었다. 면접 당시 그녀는 다시 고객센터에 입사하면 열심히 일하겠다고 말했다. 당시 필자는 그녀와 같은 입사 연도로 들어왔음에도 이미 센터장이 된 뒤였다.

어느 직장이든 힘든 과정이 있고, 그것을 넘어야만 성장할 수 있다. 직업에 대한 만족도가 낮다면, 불평하면서 직장을 다니는 것이 아니라, 뒤도 돌아보지 말고 떠나라. 다만, 다른 직장도 나름의 어려운 점이 있으며 오롯이 견뎌내야 할 시간이 필요하다는 것을 잊지 말자.

4

상담사의 길,
결국은 자기와의 싸움이다

이 책을 통해 내가 특히 강조하고자 하는 내용 중 하나는 직업경로 개척에 관련된 것이다. 직업경로개척은 흔히 '커리어 패스(Career PATH)'라고 불리며, 쉽게 설명하면 경력 관리를 통해 자신의 가치를 높이고 승급 등 새로운 포지셔닝을 도모하는 일이다.

즉 이 책에서는 상담을 효율적으로 진행할 수 있는 기본기는 물론, 이 직업을 통해 어떤 미래를 개척해나갈지를 살필 수 있는 안목과 시야를 제시하는 데에도 주목했다. 즉 일반 상담사에만 머무르는 것이 아니라, 슈퍼바이저(Supervisor)[3]와 QAA[4]와 같은 관리자 포지션까지 살펴보았다. 그렇다면 상담사의 커리어 패스는 과연 어떤 과정으로 진행될까?

흔히 부딪치는 상담사의 어려움은 자신의 처지에 대한 불만족에서 온다. 온종일 상담을 진행하는 것도 힘에 부치는 데다, 행여 고객으로부터 부당한 대우를 받을 수도 있다. 매일 매일 상담 내용은 모두 녹취되어 실적으로 평가된다. 일정한 휴식 시간 외에는 상당한 긴장을 유

---

3 Supervisor : 10~20명 정도의 인원으로 구성된 Team운영을 담당함.(팀장, 실장 등의 용어를 사용하기도 함)

4 QAA(Quality Assurance Analyst):상담원의 통화품질 평가 및 코칭 활동을 비롯하여 서비스 품질 향상을 위한 전반적인 업무 수행과 개선 활동을 기획, 추진하는 역할.(=QA(Quality Assurance), QC(Quality Control), 품질실장 등)

지하며 상담에 임해야 한다.

이 모두가 상담사 개인에게 어려운 요소로 작용하는 것은 사실이다. 그러나 모두에게 이런 일이 곤욕스럽기만 한 것은 아닐 수 있다. 이직률이 높다고 알려진 이 일에서도 자신만의 위치를 찾고 좋은 실적을 올리며 관리자로 승급하거나, 자신만의 또 다른 영역을 개척하는 이들이 분명히 있기 때문이다.

어느 직업에서나 마찬가지겠지만, 나는 모든 직업의 성패는 개인의 태도와 마음가짐, 그리고 효율적인 관리 시스템의 결합에서 결정된다고 확신한다. 최근 상담사의 처우 개선과 관리 시스템의 변화 요구 또한 간과할 수 없는 사실이다. 이에 대해서는 상담사 조직 내부의 고민과 불만을 진심으로 이해하고 개선하려는 관리자의 합리적인 노력이 절실하며, 동시에 상담사 개인들 역시 자신이 하고 있는 업무에 대한 이해도를 높이고 최대한 그 안에서 자신의 입지를 강화하려는 인식이 필요할 것이다.

이와 관련해 SK텔레콤 중부마케팅본부 자원봉사단의 노력은 의미 있는 화두를 던지고 있다. SK텔레콤 중부마케팅본부에는 '행복날개 온(On)'이라는 자원봉사단이 있다. 이들은 가족이 없는 독거노인이나 가족과 연락이 되지 않는 재가복지 대상 노인 40여 명과 일대일 결연을 맺고 매일 1회 안부전화 모니터링 등 지속적인 봉사를 펼치고 있다고 한다. 보통 사람이라면 쉽지 않은 일이겠지만, 고객센터에서 지속적으로 상담을 해온 상담사들에게 이런 노력은 자신의 특기와 장점을 살리고 사회에 공헌한다는 기쁨 또한 누릴 수 있으니 특별한 경험일 것이다. 물론 이것이 직접적으로 승급에 영향을 미친다고는 할 수 없으나, 이는 상담사라는 직업의 특성을 이해하고 자부심을 가지지 않는다면 불가능한 일이며, 동시에 상담사로서의 노력과 경험이 충분히 가치 있고 희귀성이 있는 일임을 명시하고 있다.

나는 강의를 할 때면 딱 한 가지를 강조한다. 커리어 패스는 본인이 마음먹은 곳까지만 갈 수 있다는 사실이다. 인간에게 희망은 가장 훌륭한 추동력이다. 지금 상담사에 도전하겠다고 마음먹었다면, 불만 콜이나 업무 스트레스를 걱정하기 전에 이 업무를 통해 내가 쌓을 수 있는 경험과 경력을 먼저 생각해야 한다. 그렇지 않은 사람과 이것을 해낸 사람은 그 첫 발은 같을 수 있지만, 그 결과는 필연적으로 다를 수밖에 없다.

다음 장부터는 여러분이 앞으로 상담사로서 일하게 될 현장에서 벌어질 수 있는 다양한 사례들을 위주로 고객센터의 역할과 의미, 세부적인 업무, 나아가 평사원은 물론 관리자가 되어서도 부딪칠 수 있는 다양한 문제들을 체험할 수 있도록 꾸몄다. 베스트 상담사를 꿈꾸는 모든 이들에게 실질적인 정보가 되기를 바란다.

2

준비가
끝났다면
실전 속으로

1

고객센터 업무,
구체적으로 알아보기

소비 생활에 능숙한 우리에게 고객센터는 아주 익숙한 곳이다. 하지만 막상 이 직업을 선택하려 한다면 이야기는 달라진다. 한 사람의 고객으로 고객센터를 접촉하는 것과 업무로서 고객센터를 접하는 것은 엄연히 다른 일이기 때문이다.

지금부터 고객센터 업무에 도전하려는 이들이 가장 궁금해 하는 핵심 질문들과 답변을 살펴봄으로써 고객센터 업무에 대한 기초적인 지도를 그려보도록 하자.

> **Q** : 상담사로 취업하려고 준비 중인 여성입니다. 고객센터에서는 구체적으로 어떤 일을 하는지 궁금합니다. 입사하면 전화 받는 일만 하게 되나요?

A : 고객센터 업무 전반을 이해하려면 우선 조직도를 살펴볼 필요가 있다. 고객센터는 크게 네 부문으로 나뉜다. 첫째, 전반적 운영관리를 하는 운영팀(Operation Team), 둘째, 품질과 교육을 담당하는 품질교육팀(Quality Team), 셋째, 인사 · 채용 · 통계 등을 담당하는 운영지원팀(Support Team), 넷째, 시스템을 관리하는 시스템팀(System Team)이다. 이 조직도는 각 팀이 어디에 소속되느냐에 따라 조금씩 차이는 있으나 고객센터마다 대동소이하다고 볼 수 있다. 그리고 이

책에서는 네 부문의 팀 중에 가장 핵심적인 운영팀과 품질교육팀에 대한 에피소드를 다룰 예정이다.

그림1 일반적인 콜센터 조직도

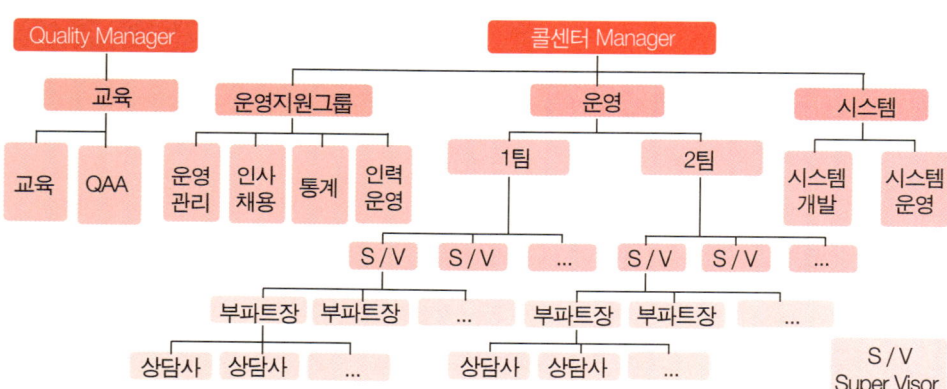

이어서 상담에 대해서도 본격적으로 알아보자. 일반적으로 고객이 경험할 수 있는 고객센터 업무는 상담에 한정되어 있다. 때문에 언뜻 간단해 보이는 상담이 결국은 고객센터의 중요한 핵심인 셈인데, 이 때문에 하나의 상담을 위해 상담사는 필요한 직무지식부터 QA 평가(Monitering), CSI[5], 콜 실적 등 다양한 교육과 평가를 받게 된다.

---

5 CSI(Customer Satisfaction Index): 기업의 목표 중 하나인 고객만족을 추구하고 관리하기 위한 지표(고객만족지수)

이 교육들은 품질교육팀, 슈퍼바이저, 매니저 등이 시행하며, 교육을 위한 기반자료가 되는 통계나 지원업무는 운영지원팀에서 담당한다. 나아가 위의 조직도에서도 알 수 있듯이 상담사들은 입사 후에 다양한 업무의 포지션으로 이동할 수 있다.

실제로 운영지원팀이나 시스템팀의 경우 T/O가 발생하면 승진이 아닌 수평 이동으로 상담사 중 이동 희망자를 선발하기도 한다. 또한 조직도의 맨 아래에 있는 상담사라고 매번 상담 업무만 하는 것도 아니다. 근속 개월과 실적이 상승해 전문 상담사가 되면 신입 상담사 코칭, 고도의 직무지식이 필요한 상담, 채팅 상담, 예비관리자 교육 과정 등 상담 이외에 다른 업무와 교육도 병행하며 성장하게 된다. 특히, 관리자를 희망하는 사원이라면 상담사 → 부파트장 → 슈퍼바이저 또는 QAA → 매니저로의 직업경로개척을 위한 교육 및 실무를 경험할 수 있다.

또한, 평가 결과에 따라 [그림2]와 같은 상담사 승급체계를 갖추기도 한다. 승급이란 승진과는 다른 개념으로, 직급은 같아도 급수에 따라 급여가 달라지는 제도를 말하며, [그림2]에도 나타나듯이 심사를 거치는 고객센터도 있다. 이 심사의 경우는 실적 평균으로 실시하거나 실제로 시험을 보기도 하며, 소규모 고객센터의 경우는 승급체계가 없는 경우도 있다.

그림 2 상담사 승급체계 (예시)

수습 상담사	일반 1호봉	일반 2호봉	선임 1호봉	선임 2호봉	선임 3호봉	선임 4호봉	선임 5호봉	선임 6호봉	선임 7호봉	선임 8호봉

승급심사 승급심사

이외에 슈퍼바이저나 QAA의 구체적인 업무도 중요하나, 이는 관리자 과정에서 다시 설명하도록 하겠다.

> **Q** : 고객센터 취업을 알아보고 있습니다. 업무 설명 중에 '인바운드(In-bound) 업무', '아웃바운드(Out-bound) 업무'라는 명칭이 있던데 의미가 궁금합니다. 이 둘이 어떻게 다른지 설명해주시고, 어떤 업무가 좀 더 쉬운지 조언을 부탁드립니다.

A : 고객센터는 업무에 따라 크게 3가지로 분류된다. 첫째, 고객주도형인 인바운드 고객센터, 둘째, 상담원 주도형인 아웃바운드 고객센터, 마지막으로 블랜딩 고객센터이다. (황태철, 2004). 각각의 정의를 살펴보면 아래와 같다.

> ● 인바운드 고객센터(In-bound customer center): 고객으로부터 걸려오는 전화를 고객센터에서 수신하면서 업무를 수행하는 고객센터

● 아웃바운드 고객센터(Out-bound customer center): 상담사가 고객에게 전화하면서 업무가 수행되는 고객센터

● 블랜딩 고객센터(Blending customer center): 인바운드 콜과 아웃바운드 콜을 동시에 처리하는 고객센터

인바운드 고객센터는 소비자의 불만이나 의견, 문의 접수부터 주문, 신청, 예약 등을 처리하는 고객센터를 의미한다.

아웃바운드 고객센터는 고객에게 접촉하고자 하는 목적을 뚜렷하게 가진 상태에서 제품 또는 서비스 정보 등을 전화나 기타 커뮤니케이션 채널을 통해 전달하는 곳으로, 주로 보험사나 금융사에서 많이 이용하고 있는 시스템이다.

마지막으로 블랜딩 고객센터는 인입콜이 많을 때는 인바운드 콜을 처리하고, 인바운드 콜이 적을 때는 고객에게 아웃바운드를 하는 형태로 고객센터의 생산성을 극대화시킬 수 있다는 장점을 가지고 있다(송현수, 2005). 이 블랜딩 고객센터는 취업사이트에서는 거의 사용하지 않는 단어이지만, 대부분의 인바운드 고객센터가 블랜딩 업무를 병행하고 있으니 참고하도록 하자.

또한 질문자의 경우 업무 스트레스를 고민하고 있는 듯하다. 하지만 취업 전에 고려해야 할 더 중요한 부분은 업무 스트레스가 아니라 '내가 좋아하는 일'이 무엇인지를 살피는 것이다. 필자의 경우, 고객센터 입사 동기가 아주 단순했다. 본래 다른 사람의 얘기를 들어주고 그 일에 대해서 도움을 주는 일을 좋아했고, 고객센터의 업무 특성이 이와 긴밀한 연관이 있다고 느꼈다.

필자의 '내가 좋아하는 일'에 대한 선택은 이후에 1년간의 인바운드 상담 콜 중 랜덤(random) 샘플로 평가한 고객만족평가 27개 중에 26개 100점, 1개 97.5점이라는 결과로 옳은 선택이었음을 보여주었다.

하지만 아웃바운드 고객센터의 경우는 공격적인 마케팅이 필요하다. 내 얘기를 상대방에게 설득시킬 수 있는 언변이 필요하기 때문이다. 따라서 인바운드와 아웃바운드의 업무 사이에서 고민 중이라면 업무의 강도나 급여가 아닌, 업무 특성을 주의 깊게 살펴보고 나에게 더 적합한 업무를 고르는 편이 나을 것이다.

마지막으로 '어느 업무가 '불만콜(claim call)'에 응대하는 경우가 많은가?'라는 질문에는 둘 다라고 말하고 싶다. 인바운드 콜의 경우는 서비스에 대한 불만을 표현하는 고객이 있는 반면, 아웃바운드 콜에는 "이런 전화 필요 없어요!"라며 욕설을 하거나 상담사의 말을 듣지도 않고 끊어버리는 고객이 있다. 심지어 한참 말하고 있는데 그 동안 귀에서 전화기를 내려놓거나 툭 끊는 경우도 있어서 훨씬 큰 마음의 상처가 될 수도 있다.

불만콜에 대해서는 다음 장에서 좀 더 자세히 다루도록 하겠다.

아래는 인바운드 고객센터와 아웃바운드 고객센터에 대해 요약한 도표로서 본인의 적성을 살피는 데 도움이 될 것이다.

표3 인바운드 및 아웃바운드 고객센터 업무 특성

항 목	인바운드 고객센터 (In-bound customer center)	아웃바운드 고객센터 (Out-bound customer center)
주요업무	시스템에 인입되는 콜 상담	시스템에서 고객에게 거는 전화로 상담
주요지표항목	고객만족지수(CSI), QA(모니터링), 콜 실적 등으로 실적환산	계약체결 등 수익성에 따른 실적환산
주요업무	수용적, 고객의 Helper 기능	공격적인 마케팅 성향
주요업무	상담에 대한 결과로 실적이 평가되기 때문에 QA, CSI에 대한 교육 및 관리강도 높음	고객과 전화연결 가능한 시간대에 업무(여유 시간은 더 많으나, 수익을 맞추기 위해 초과업무를 하는 경우도 있음)

2

베스트 상담사의 첫 걸음,
입사는 어떻게 이루어지나요?

지금까지 고객센터의 조직도, 업무 특성, 승급체계 등에 대해 대략적인 핵심을 살펴보았다. 그렇다면 상담사 취업을 준비하면서 생기는 구체적인 궁금중도 하나씩 풀어볼 시점이다. 다음의 질문과 대답을 상세히 살펴보도록 하자.

Q : 친구가 고객센터에 다니고 있습니다. 그런데 이 친구가 제가 입사하고 싶다는 뜻을 밝히니 자꾸 말리네요. 불만 전화가 많다고 하는데, 정말 그런가요? 스트레스가 심할까봐 걱정되는데 불만 전화가 어느 정도 들어오는지 답변 부탁드립니다.

A : 결론부터 말하면, 안타깝게도 불만 전화가 없는 고객센터는 없다. 하지만, 불만콜을 받을 확률은 명확히 산출하기 어렵다. 이유는 다음과 같다.

첫째, 불만 전화의 범위를 명확하게 정의하기 어렵다. 고객의 불만 정도, 상담사가 느끼는 감정 등 무엇을 불만 전화로 분류할 기준으로 삼을지가 모호하기 때문이다.

둘째, 실제로 업무를 해보면 불만 전화의 빈도는 매일, 매월 다르게 인입된다. 이 경우 빈도 수에 따라 스트레스의 강도가 다르기 때문에 불만 전화 평균치라는 것은 사실상 의미가 없다.

셋째, 불만 전화는 그것을 해결하는 상담사 개인의 스피치 스킬(Speech Skill)에 따라 오히려 불만을 부추길지 가라앉힐지가 결정된다. 같은 불만 전화가 인입돼도 상담사의 처리 방법에 따라 그것이 더 이상 불만 전화가 아니게 될 수도 있다는 뜻이다. 이것이 고객센터에서 상담사 교육이 끊임없이 이루어지는 이유 중 하나이다.

최근 고객센터의 가장 큰 이슈 중에 하나가 바로 불만콜이다. 이 때문에 상담사는 이른바 감정노동자의 대표 직업으로 꼽히며, 심지어 '차마 못 할 직업'처럼 비춰지기도 한다. 하지만 앞에서 언급했듯이 현재 국민의 100명 중 8명이 고객센터에 근무하고 있다. 이런 상황에서 '상담사는 감정노동자'라는 등식을 강화하는 것보다는 상담사를 하나의 전문적인 직업으로 인정하고 문제에 대한 해결방안을 모색하는 것이 맞을 것이다.

실제로 이런 부분을 해결하기 위해 일부 고객센터에서는 심리상담사를 채용해 고객에게 상처 받은 상담사의 심리치료를 도모하고 있으며, 관리자도 심리상담 교육을 받도록 권고하고 있다. 이 외에도 헬스키퍼(Health Keeper)[6]를 고용해 상담사의 스트레스가 근육 경직 등의 신체적인 반응에도 관심을 기울이는 경우가 많다.

하지만, 이보다 시급한 것은 고객센터에 대한 고객들의 전반적인 관점 변화일 것이다. 미국 고객센터의 경우는 무조건적인 친절보다는 고객에게 필요한 서비스를 제공하는 실무에 초점이 맞추어져 있다. 필자는 국내 고객센터의 과도한 친절 서비스 경쟁이 심각한 클레임(claim) 고객 또는 무례한 고객을 만들었다고 생각한다.

최근 상담사의 인격을 지나치게 모독한 고객들이 상담사로부터 고발된 사례가 종종 언론에 발표되고 있다. 이제 고객들도 상담사의 인격을 존중하며 상식적으로 행동할 때 좀 더 나은 고객센터 문화가 만들어지지 않을까 싶다.

그렇다면, 불만 전화 해결이 어려울 때 상담사는 어떻게 해야 할지도 살펴보자. 이 점에 대해서는 걱정하지 않아도 좋다. 다음의 그림처럼, 고객센터 내에 불만 전화에 대한 처리 프로세스가 정립되어 있기 때문이다.

---

6 헬스 키퍼 : 기업 등에 설치된 안마시설에서 직원의 건강관리와 피로회복을 관리하는 국가자격 안마사

그림3 불만전화 인계 프로세스

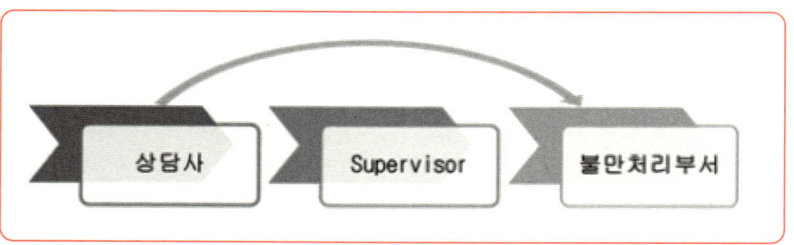

센터마다 차이는 있지만, 대부분의 고객센터는 상담사의 전화를 곧바로 불만처리부서로 인계하거나, 슈퍼바이저 인계한 후 다시금 불만처리부서로 인계하는 두 가지 프로세스를 운영하고 있다. 그러니, 해결되지 않는 불만콜에 대한 두려움으로 고객센터 입사를 망설일 필요는 없을 것이다.

Q : 저는 오랜 시간 동안 아르바이트만 했습니다. 고객센터에 입사하려고 준비 중인데 어떻게 하면 입사지원을 할 수 있나요? 방법을 알려주세요.

A : 고객센터 입사 경로에 대해서는 아래 표가 일목요연하게 보여주고 있다. 각각의 경로를 살펴보고 나에게 걸맞은 경로는 무엇인지 참고하도록 하자.

표 4 입사지원 경로

지원방법	내용
인터넷 지원	인터넷 채용 사이트(잡 코리아, 사람인, 인투르트, 벼룩시장 등)을 이용한 입사
지인 추천	현재 고객센터에 근무하고 있는 지인의 추천을 통한 입사
공고	고객센터 회사 홈페이지와 구인 공고를 통한 입사
광고	생활정보지(교차로, 벼룩시장 등), 배너, 관공서, 홈페이지 등 광고를 통한 입사
기업연계(학교)	관련 학과와 기업 간의 연계를 통한 입사

Q : CS(Customer Service)에 관심이 높은 고등학생입니다. 졸업 후에 고객센터에서 CS를 관리하는 업무를 하고자 합니다. 대학을 갈지 고민인데, 고객센터 관련학과와 관련자격증이 있으면 알려주세요.

A : 고객센터 관련학과와 관련자격증에 대해서는 다음의 [표5], [표6]를 참고하도록 하자.

표5 고객센터 관련 자격증

항 목	자 격 증	시 행 처
관련 자격증	텔레마케팅 관리사 콜센터 매니저 자격인증시험 콜센터 예비매니저 자격인증시험 CS Leaders 관리사 소비자전문상담사 1급 소비자전문상담사 2급	한국산업인력공단 한국콜센터상업정보연구소 한국콜센터상업정보연구소 한국정보평가협회 한국산업인력공단 한국산업인력공단

표6 고객센터 관련 학과

항 목	학 교	학 과
관련 학과	광주여자대학교 부산여자대학교 대경대학교 충청대학교 한양여자대학교 영진전문대학교 혜천대학교 카톨릭대학교 원광디지털대학교 대덕대학교 송원대학교 안동과학대학교 전주기전대학교 숭의여자대학교	콜마케팅학과 콜마케팅매니저과 온라인마케팅과 디지털마케팅학과 비서인재과 디지털경영계열 물류유통정보과 생활복지주거학과 서비스경영학과 마케팅관리과 금융세무경영학과 마케팅경영과 사회복지상담과 비서행정과

다만 자격증이나 학력은 본인의 커리어 패스를 쌓아가는 과정일 뿐, 이를 통해 어떤 직책이나 직급이 보장되는 것은 아니라는 점도 인지

할 필요가 있다.

　프랑스의 화학자이며 미생물학자였던 파스퇴르는 "행운은 준비된 자에게만 미소 짓는다."라고 말한 바 있다. 경험이나 지식은 기회가 올 때 내놓기 위해 손에 쥐고 있는 조커와 같다.

　즉 준비된 자에게는 기회가 왔을 때 그것을 알아채는 눈이 생기는데, 그것은 행운이 아닌 스스로 '갈고 닦아온 길(Career PATH)'의 결과인 것이다. 나만의 조커를 만들어보자.

3

신입 상담사는
어떤 교육 과정을 거치게 될까요?

일단 고객센터 업무를 선택했다고 곧바로 업무에 임할 수 있는 것은 아니다. 다른 직업과 마찬가지로 상담사 역시 다양한 교육을 통해 업무 지식을 쌓고 실전에 임할 준비를 하게 된다. 다음은 신입 상담사 교육 과정을 그려볼 수 있는 핵심적 질문과 대답을 선별한 것이다.

Q : 고객센터에 입사하게 되었습니다. 내일부터 교육을 받는데, 어떤 교육 과정을 거치고 어떤 평가를 받게 되는지 알려주세요.

A : 교육 과정과 수습 과정은 고객센터의 성격이나 상황에 따라 차이가 있다. 인력수급상황에 따라 교육과 수습 과정을 축소·확대하기도 하고, 교육 과정이 끝나자마자 곧바로 입사해 수습 과정을 거치지 않는 센터도 있다.

교육 과정에서는 [표7]에서와 같이 주로 업무에 필요한 직무 지식에 대한 평가가 이루어지고, 교육 과정 이후 수습 과정에서는 실제로 고객과 통화하는 QA 평가가 이루어진다. 면접 시 가상으로 전화 상담을 하는 경우도 있지만, 이는 QA 평가가 아닌 목소리만 체크하는 수준이니 참고하도록 하자.

표7 교육 및 수습과정

항 목	기 간	평 가	실 습
교육과정	1~4주	직무지식평가 (1~4회 정도 실시)	QA(모니터링)
수습과정	1~3개월	전문지식, QA, 근태, 관리자 평가 등	업무 투입

3

신입상담사
과정 다가가기
(교육생 포함, 0~12개월)

1

나의 첫 불만콜은 어떨까?

상담사들이 겪는 가장 큰 스트레스는 고객의 불만을 듣거나 해결하는 과정에서 온다. 불만콜이야말로 상담사들의 의욕을 가로막는 복병인 것이다. 따라서 입사 이후 교육 과정에서는 물론 실전에서도 불만콜에 대처하는 심리적 매뉴얼이 필요하다. 다음의 질문과 대답을 살펴보자.

Q : 저 역시 상담사로 일하고 있는 사람입니다. 때때로 불만콜에서 고객에게 욕을 듣다 보면 치욕스러운 마음이 듭니다. 부모님께도 욕 한번 듣지 않고 자랐는데, 고객센터 상담사가 이런 직업인가 하는 생각이 듭니다. 어떻게 해야 할까요?

A : 인터넷 채용 사이트를 보면, 상담사를 구한다는 구인광고를 쉽게 접할 수 있다. 그 만큼 이직이 잦다는 뜻이다. 이직률은 이 업계에 종사하는 이들의 가장 큰 과제인 만큼 최근 고객센터의 이직(離職)[7] 원인에 대한 학문적 연구도 활발히 이루어지고 있다.

그렇다면, 상담사는 왜 고객센터를 떠나는 걸까? 그 가장 큰 원인 중에 하나는 불만 고객들의 공격일 것이다. 실제로 처음 고객에게 욕설

---

7 직장이나 직업을 그만둠.

을 듣게 되면 그 충격은 말로 표현하기 힘들다. 필자의 경우 그중에서도 성과 관련된 치욕스러운 욕설 하나가 10여 년이 지난 지금도 기억날 정도이다.

이런 경험은 상담사의 자존감에 큰 상처를 줄 뿐 아니라, 특히 직업으로서의 자부심(Pride)이 갖추어져 있지 않은 상태에서 심한 타격을 입게 되면 이 일을 왜 해야 하는지 의구심을 품지 않을 수 없다. 이 경우 적지 않은 수가 '내가 왜 이곳에서 이런 말을 들어야 하지?' 되물으며 고객센터를 떠난다.

하지만, 아이러니한 점은 이렇게 떠난 이들 중 40% 이상이 다른 고객센터로 재취업한다는 사실이다. 피할 수 없으면 즐기라는 말이 있다. 지금부터 불만고객을 응대하면서 필요한 심리적 자세를 꼽아 보도록 하겠다.

첫째, 불만 고객이 클레임(claim)을 제기하는 것은 내가 아닌 회사에 대한 것임을 잊어서는 안 된다. 그가 회사에 대한 불만을 내게 표현하는 것은 내가 상담사 본인이 회사를 대표해서 전화를 받았기 때문이다. '그러니 당연히 욕설 또한 회사를 향한 것'이라고 생각하는 쪽이 훨씬 편할 것이다. 즉 회사를 향한 불만과 내게 개인적으로 하는 욕설을 구분해서 듣는 귀가 생겨야 한다.

둘째, 상담사라는 직업에 대해 자부심(Pride)을 가질 필요가 있다. 이 자부심이 없다면 고객의 한마디에 내 직업을 쓰레기통에 처박게 되는 상황이 생길 수 있다. 내 직업을 나 자신이 존중하지 않으면 어디에서도 존중받지 못한다는 사실을 명심하자.

셋째, 그럼에도 불만 전화는 마인드컨트롤(mind control)이 필요하다. 이 순간만큼은 고객이 아닌 나를 위해 마인드컨트롤을 해야 한다. 고객센터 내부적으로도 코칭(Coaching)이나 CS 교육을 통해 마인드컨트롤이 가능하도록 도움을 줄 것이다.

마지막으로, 이 세 가지를 모두 이루는 데는 적어도 1년 이상의 경험을 통한 수행이 필요하다는 점을 기억해야 한다. 지금부터 불만 전화 처리 부서에 근무하는 도잘해 팀장의 에피소드를 살펴보도록 하겠다. 이 에피소드를 읽으면서 불만 전화에 대처하는 상담사의 역할에 대한 이해를 높여보자.

Episode 1   **프로 상담, 결국은 자신과의 싸움**

▶ 등장인물 : (클레임 부서) 남도움 팀장과 도잘해 팀장

00 고객센터 내의 불만 전화 처리 부서에서 근무하는 도잘해는 처음 이곳으로 포지션을 이동한 뒤 한동안은 만족스러웠다. 종일 상담을 해야 하는 인바운드 상담팀에 비해, 불만 전화가 인계될 때만 통화하는 이곳은 비교적 업무가 한산했다.

하지만, 그런 기분은 오래가지 못했다. 정식 업무를 시작하자 일주일에 한 번씩 눈물 흘릴 일이 생겼다. 그간 클레임으로 울어본 적이 없는 그녀였음에도 단골 불만 고객의 전화에는 울화통이 터졌다. 특히 최근 전화를 받고 있는 고객은 심해도 너무 심했다. 그 고객은 자신이 우리나라 최고의 대학에 다닌다고 소개했다. 그러고는 회사가 제공하고 있는 모든 서비스에 대한 합당한 법조항을 확인해 달라며 2주일째 매일 전화를 걸어오고 있었다. 일단 전화를 받으면 1~2시간씩 통화를 해야 했다.

울어서 붉어진 눈으로 사무실에 들어온 도잘해를 남도움 팀장이 토닥여주었다.

"뭘 이런 걸 가지고 울고 그래요. 불만콜 한두 번 받아본 것도 아니고. 우리는 프로잖아요."

하지만 도잘해는 감정이 가라앉지 않아 대꾸조차 할 수 없었다. 그날 저녁, 집에 도착해 침대에 누워 천장을 바라보자니 또 눈물이 솟았다. 눈물을 훔치다가 문득 그녀는 남도움 팀장이 했던 말을 떠올렸다.

"우리는 프로잖아요."

도잘해는 우수상담사였다. 계속되는 특별승진과 포상으로 부러움을 샀고, 이번 승진에 대해서도 누구보다 기뻐했다. 도잘해는 어느새 눈물이 멈췄다는 걸 느꼈다.

'그래. 여태까지 잘해왔잖아. 부러움 사면서 여기까지 왔는데, 어떤 클레임도 잘 감수해왔는데, 한 명의 고객 때문에 이럴 수는 없지!'

결심이라도 하듯이 도잘해는 주먹을 꼭 쥐었다.

'마인드컨트롤을 하자, 나는 고객의 말에 흔들리지 않는다, 나는 고객의 말에 흥분하지 않는다, 나는 프로다, 나는 앞으로 나아간다, 나는 고객의 말에 눈물 흘리지 않는다, 나는 잘할 수 있다!'

그날 도잘해는 이 문장을 수십 번 외우다 잠이 들었다. 그리고 다음 날 어김없이 그 고객에게 전화가 걸려왔고, 새로운 법조문을 찾아 피해보상을 요구했다. 객관적으로 볼 때 이 고객이 받은 피해는 처음부터 없었다. 그저 말장난일 뿐이었던 것이다. 도잘해는 명랑한 목소리로 답변했다.

"고객님, 불편을 드려 죄송합니다. 2주일 넘게 고객님과 통화하면서 여러모로 도움을 드리고자 했으나, 일처리가 미숙해 죄송한 마음뿐입니다. 괜찮으시다면 제가 찾아뵙고 말씀 드리는 건 어떠시겠습니까?"

순간 침묵이 흘렀다. 고객은 당황한 것 같았다. 실제로 클레임 부서에서는 필요한 경우 직접 방문 설명도 시행하고 있었다. 도잘해는 말을 이어갔다.

"저희 쪽에 기재된 이 주소로 찾아가려는데, 언제쯤 시간이 괜찮으신지 말씀해주시면 뵙도록 하겠습니다. 오늘은 시간이 어떠신가요?"

도잘해의 말이 끝나자, 고객이 침묵을 깨고 대답했다.

"사실… 불편한 점이 있기는 했지만, 잘 대답해주셔서 감사하게 생각하고 있었습니다. 팀장님도 바쁘실 텐데 이 문제는 오늘까지만 통화하고 더 이상 문제 삼지 않도록 하겠습니다. 그럼 이만 끊겠습니다."

감정을 뒤흔들려고 고의적으로 터뜨린 불만에 상담사가 흔들리지 않으니 자연스레 그만두게 된 것이다. 상담사 스스로 자신을 극복하니 클레임도 해결된 셈이었다. 물론 이후에도 강성 불만 고객들이 없는 것은 아니었다. 하지만, 도잘해는 그때마다 잠들기 전과 아침에 일어나서 눈을 뜨자마자 주문을 외웠다.

'나는 고객의 말에 흔들리지 않는다, 나는 잘할 수 있다!'

그 주문은 외울수록 더 강해지는 마법의 힘이 있었다. 그리고 시간이 지나, 도잘해는 불만고객의 욕설이 섞인 말 속에서도 이성적으로 문의 내용만 들을 수 있는 능력을 갖추게 되었다.

◆ ◆ ◆

어떤 직업이든 어려운 점이 있게 마련이다. 그렇다면 도잘해는 상담사로서의 어려움을 어떻게 극복한 것일까?

이 에피소드에서 도잘해는 직업에 대한 자부심을 상기시키며 이성적으로 판단하려고 노력했다. 그리고 이 같은 노력의 결과로 불만고객과의 대화에서 감정을 배제하고 이성적으로 대할 수 있게 되었다.

소설가 이외수씨는 20대는 출세를 쫓기보다는 '생활의 달인'이 되어야 한다고 강조했다. 성공을 향해 달리기 보다는 실력을 연마하라는 의미이다. 세상에 쉬운 일이란 애초에 없다. 처음의 어려움을 지나야만 비로소 프로가 될 수 있다. 불만 고객을 두려워하지 말자!

Q : 상담사는 감정노동이 심한 직업이라는 기사를 봤습니다. 실로 상담사 일을 시작하면서 매일 불만콜에 찌든 저 자신이 불쌍하다는 생각이 듭니다. 직업인으로서의 상담사에 대한 인식을 스스로 어떻게 갖춰야 하는지, 과연 이 직업이 정말로 비전이 있는지 궁금합니다.

A : 먼저 상담사의 인식에 관련해 다음의 에피소드를 살펴보도록 하자.

▶ 등장인물 : 잘생긴 슈퍼바이저, 어여쁜 QAA, 윤 매니저

　잘생긴 슈퍼바이저는 현재 오픈한 지 6개월 된 ○○ 고객센터에서 근무하고 있다. 그는 졸업을 앞두고 취업을 고민하다가 ○○ 고객센터에서 4년제 대졸 공채 1기(관리자 후보)를 모집한다는 공고를 보고 지원해서 합격했다. 오늘은 관리자 회식이라 잘생긴은 서둘러 업무를 마무리했다.

　한창 회식 분위기가 무르익어 신입 관리자들이 고민을 털어놓으며 평소 못했던 이야기를 나누는 중이었다. 다들 졸업하면서 바로 입사한 터라 보고서며 실적분석 등에 익숙지 않은 탓에 평소에는 맘 편하게 얘기를 나눌 만한 여유가 없었다. 이야기 도중 잘생긴이 동료 관리자들에게 물었다.

　"입사 후 상담사일 때는 친구들에게 상담사 일을 한다고 말할 수가 없더라고요. 친구들에게 상담한다고 말했던 사람 있어요?"

　그때 옆의 어여쁜 QAA가 대답했다.

　"네! 전 얘기했는데요."

　이어서 듣고 있던 윤 매니저가 깜짝 놀라 잘생긴에게 물었다.

"그럼 친구들에게는 어떤 회사 다닌다고 했어요?"

"그냥 사무실 다닌다고 했어요."

잘생긴은 그 어렵다는 취업난 속에서 취업한 터라 부러움의 대상이었다. 따라서 친구들의 기대에 부응하자니 상담사 일을 한다고 선뜻 말하기 어려웠던 것이다. 이번에는 어여쁜 QAA가 물었다.

"그러면 지금도 친구들이 잘생긴 슈퍼바이저님이 고객센터에 다닌다는 걸 모르는 건가요?"

그 말에 잘생긴은 웃으며 고개를 저었다.

"아니오, 지금은 OO 고객센터 관리자라고 말했어요. 이상하게 '상담사'라고 말하기는 어려운데, '관리자'라고 말하는 건 괜찮더라고요."

윤 매니저는 의아해하며 잘생긴에게 물었다.

"그렇다면, 잘생긴 슈퍼바이저는 상담사와 관리자가 어떻게 다르다고 생각해요? 친구들에게 상담사라고는 말할 수 없고, 관리자라고는 말할 수 있다면 분명 뭔가 다르다고 생각하기 때문이 아니겠어요?"

그러자 잘생긴은 머리를 긁적거렸다.

"그걸 저도 모르겠어요. 이상하죠? 그런데, 그냥 그렇게 되더라고요."

여러분은 상담사라는 직업에 대해 어떻게 생각하고 있는가? 아니, 좋은 직업의 기준은 무엇인지 고민해본 적이 있는가?

직업에 대한 자부심은 다른 사람이 안겨주는 것이 아니다. 「생활의 달인」이라는 TV 프로그램에서 라면 하나를 끓여도 본인의 업무 영역에서 최고가 되려는 사람들이 수두룩하다. 실로 이는 자기 일에 자부심이 없다면 불가능한 일이다. 사회의 인식을 고려하기 전에 우선 나자신부터 상담사라는 직업에 자부심을 갖도록 해야 한다.

그렇다면 나는 상담사에 대한 직업에 대해 어떻게 생각하고 있는지 [Episode 3]을 읽어보며 다시 한 번 생각해보도록 하자.

Episode 3   긍정적 태도와 부정적 태도, 어느 쪽이 이득일까?

▶ 등장인물 : 부정해 슈퍼바이저, 긍정해 QAA

부정해 슈퍼바이저와 긍정해 QAA가 부정해의 오전 면담에 대해 이야기를 나누고 있었다. 부정해가 한숨을 쉬며 말했다.

"상담사는 비전이 없으니 실적을 관리하지 않겠다고 하는데 할 말이 있어야지. 그런 사원에게 '열심히 해서 관리자 돼야죠.' 라고 해봤자 이 말이 수용이 되겠니?"

부정해는 고객센터 업무에 불만이 많았다. 상담사 시절, 매일 고객에게 갖은 멸시와 핍박, 욕설을 들어야만 했다.

QAA가 돼서도 승진의 기쁨은 잠시, 종일 수십 개의 평가를 시행하느라 눈코뜰새 없었다. 나중에는 어떤 게 좋은 샘플인지 혼동될 정도로 정신이 아득해졌다. 게다가 슈퍼바이저가 되고 나니, 이번에는 상담사들의 힘들다는 하소연, 거기에다가 매니저의 잔소리까지 정말 지긋지긋했다. 죽지 못해 다니는 회사였다.

부정해는 상담사를 면담하거나 코칭하는 일에는 흥미가 없었다. 실적을 꾸짖기도 싫고, 상담사들 스스로도 풀이 죽고 게으른데 뭘 어쩌란 말인가?

그래도 면담한 지 너무 오래다 싶어 실적이 저조한 사원을 불렀는데, 비전이 없어 실적관리를 하지 않겠다고 하니 더는 할 말이 없었다. 아니, 부정해 자신의 생각도 별반 다르지 않으니 설득할 말이 떠오르지 않는 게 당연했다. 부정해가 다시 한숨을 쉬며 긍정해에게 물었다.

"사실 나도 클레임 지겹고, 상담사들 실적 관리도 지겹고… 너는 고객센터 업무에 대해서 어떻게 생각해?"

듣기만 하던 긍정해가 천천히 입을 열었다.

"나는 직업에도 적성이 있다고 생각해. 나는 사람들과 대화하는 게 좋아서 이 직업을 선택했어. 근속이 올라가면서 스피치 스킬도 향상되고, 승진하면서 업무가 달라지니까 시야도 넓어지더라고. 상담 사일 때는 고객에게 이슈가 되는 사항을 먼저 알 수 있었고, 클레임 부서에 있을 때는 본사와 바로 컨택하니까 회사의 문제 해결 방향성도 알 수 있었고, QAA가 되어보니 전국의 센터 중 우리 센터의 조직도나 내부 관리 방안이 자세히 보였어. 이제 매니저가 되면 어떤 게 보일까 궁금해."

그 말에 부정해는 새침한 얼굴로 팔짱을 꼈다.

"너는 하여간 너무 긍정적이라 문제야! 설마 상담사라는 직업에 대해서 비전이 있다고 생각하는 것은 아니겠지?"

그러자 긍정해는 웃으며 말했다.

"하하, 난 너무 긍정적이라 문제지만, 너는 너무 부정적이라 문제야. 비전? 그건 생각하기에 따라 다르지. 작년에 회사 그만 둔 성공해 QAA 기억하지? 성공해 QAA는 CS 교육이며 코칭 기술이 뛰어났잖아. 며칠 전에 만났는데, 요즘 인기 있는 웃음치료를 대학원에서 공부하고 있더라고. 강의도 하는데, '고객센터의 CS + 웃음치료'에 대해 강의하는 사람이 거의 없다는 거야. 그런 희소성 때문에 강의 요청이 많다며 행복한 비명을 지르던데. 나는 그렇게 생각해. 의미가 없다고 생각하면 더 이상 발전도 없는 거고, 의미를 찾게 되면 거기에 해답이 있는 거지. 그래서 생각하기에 따라 다르다고 말한 거야."

부정해는 손사래를 치며 말을 이었다.

"고객센터 10년 넘게 다니면서 그런 사원은 성공해 QAA 한 명밖에 못 봤어. 전체 300명 사원에 월 이직률 10%라고 가정하면, 1년에 이 센터를 스쳐가는 사람이 총 660명이야. 10년이면 3900명인데 그 중에서도 QAA나 슈퍼바이저가 될 확률은 얼마나 낮으며, 그렇게 승진한 사람들 중에 강사로 나간 사람이 성공해 말고 몇이나 되니? 1%의 확률도 안 되는 게 현실인데, 너무 일반화시키는 것 아닌가? 그리고 이 얘기가 상담사에게 먹힐 말이니? 이제부터 수많은 경쟁을 뚫고 관리자가 되어 경력을 쌓은 후에 다시 석사 공부를 하고 강의를 다니고… 이건 어폐가 있지."

이번에는 긍정해가 강조하듯이 눈에 힘을 주어 말했다.

"이런 말 들어봤어? 성공이 달콤한 건, 결국 성공하지 못한 사람들이 있기 때문이라는 말. 리더로서 약이 되는 말을 해준다고 모든 사원이 다 수용하는 건 아니야. 사람은 자기 시야만큼만 발전할 수 있다고 하잖니. 또, 성공해 QAA의 일화는 같은 길을 걸으라는 의미가 아니라, 비전을 고객센터 안에서만 찾지 말라는 의미이지. 또한 리더가 자신을 믿고 있는 사원을 포기하는 것도 옳지 않다고 생각해. 포기하지 않고 계속해서 상담사들을 독려하는 것은 단 한 명이라도 그 말을 듣고 성공할 수 있기를 바라기 때문일 거야."

하지만 긍정해의 말에 부정해는 시계를 들여다보며 말했다.

"닭살스럽고 어려운 말만 늘어놓기는 시간이 아깝다. 야, 점심시간 끝났어."

긍정해는 먼저 일어서는 부정해의 뒷모습을 안타깝게 바라보며 뒤따라갔다. 이 두 사람의 10년 뒤의 모습이 어떨지 상상해 볼 수 있을 것이다.

◆ ◆ ◆

자, 두 사람의 차이가 확연하게 보이는가?

과연 여러분은 어느 쪽의 전철을 밟고 싶은가? 그 답은 여러분 자신의 선택에 달려 있다.

> **Q** : 상담사로 일하다 보니 목에 통증을 느끼는 직원들이 많은 것 같습니다. 목 관리는 어떻게 하는 것이 좋은지, 다른 자기관리는 어떻게 해야 하는지 정보를 공유해주세요.

A : 어떤 직업에서건 자기 관리는 필수적이다. 최근 고객센터에서도 콜(Call) 상담 외에 메일, 채팅 상담 등 목소리가 필요 없는 상담을 진행하고 있다. 하지만 대부분은 블랜딩 업무로 콜 상담과 병행하는 만큼 상담사에게 목소리는 생명과도 같다. 필자도 한때 무리한 상담과 건강 관리 소홀로 한 달 동안 말을 하지 못했던 때가 있었다. 이때의 경험을 토대로 꼭 조언하고 싶은 사항들이 있다.

일단 감기 등으로 인해 심하게 목이 부었을 경우에는 내과가 아닌 이비인후과를 갈 것을 권한다. 내과는 감기약을 처방할 때 항생제를 포함하는데, 필자의 경우 감기약이 오히려 목의 염증을 지속시켜 후에 고름 주머니가 생겼다. 요점은 아픈 부위의 전문의와 상의해야 한다는 것이다. 당시 필자는 목이 아프면 당연히 이비인후과를 가야 한다는 상식을 몰랐고, 그 때문에 큰 고생을 했다.
이외에도 물을 자주 마셔주고, 겨울에는 취침 시 가습기를 틀어놓고, 오미자 등 목에 좋다는 것도 챙겨먹으면 금상첨화다.

2

실적은 언제쯤 오를까?

상담의 꽃은 고객들의 불만을 해소해주는 것이다. 동시에 가장 짧은 시간에 문제를 해결하는 것도 중요하다. 이 때문에 상담사는 실적에도 신경을 쓰게 되는데, 결코 처음부터 만족할 만한 수준이 되기는 어렵다. 다음의 질문과 대답을 통해 실적과 관련해 실적과 관련한 기본 지식을 쌓아보자.

> **Q** : 2개월 차 신입입니다. 처음에는 하루에 30-40콜 정도를 받다가 한 달 정도 되니 50콜 정도로 올랐는데, 그 이후로는 실적이 오르지 않네요. 열심히 한다고 하는데, 어떤 점이 부족해서일까요?

A : 고객센터에서는 실적을 사원 모두에게 공지한다. 횟수는 센터마다 다르지만, 콜 실적의 경우 슈퍼바이저가 거의 매일 공지하는 것이 보통이다. 이는 실적에 따라 인센티브가 지급되고, 이것이 승급이나 승진에 반영되어서이기도 하나, 가장 큰 이유는 고객센터 KPI[8]의 현황을 공지해 사원들이 집중해야 할 목표를 공유하기 위해서이다. 하지만 전체 목표를 달성하고자 하는 이 노력이 순위 공개의 형식으로 드러나는 만큼 신입사원들에게는 부담스럽게 느껴질 것이다.

---

8 KPI(Key Performance Indicator): 조직의 목표 달성의 정도를 계량하는 지표(핵심성과지표)

특히, 신입사원은 실적에 대해서 너무 걱정하거나 스트레스를 받을 필요는 없다. 10년 넘게 관리자의 길을 걸어온 필자의 경험상, 상담사의 실적은 계단식으로 오르게 마련이다. 콜 실적 외에 QA, 직무평가도 마찬가지다.

한 상담의 예를 들어보겠다. 신입 상담사는 고객과 통화를 종료하고 나면, 반드시 부족한 직무 지식을 슈퍼바이저를 통해 체크하고, 전산을 처리하고, 메모 남기는 일을 진행해야 한다. 그런 뒤 다음 콜 준비를 하게 되는데, 이처럼 통화 종료 후 다음 콜 준비 단계까지를 잔업처리시간(AWT[9])이라고 칭한다. COPC@인증은 AWT의 관리 방법을 이렇게 제안하고 있다.

- 통화 중에 필요한 작업을 진행함으로 시간을 감축시킬 수 있음
- 체계적인 모니터링을 통한 문제점 파악 후 개선
- 개인적인 상담을 통해 문제점 도출 및 개선 노력

그러나 이 세 가지 단계는 각각의 단계마다 숙련 기간을 필요로 하며, 특히 이 세 가지 주의점을 체화하는 일은 하루아침에 이루어지지

---

9 AWT(After Work Time): 통화가 종료된 후 상담사가 통화와 관련된 관리적 업무를 하는 소요시간

않는다. 더 쉽게 설명하면, 신입 상담사의 총콜은 아래와 같이 산정될 수 있다.

총콜 = 1 Call + AWT + 1 Call + AWT + 1 Call + AWT

즉, AWT가 어느 순간 줄어들면 근무시간 8시간 중 여유 시간의 공간이 갑자기 발생하는데, 바로 이 시점에 콜 실적이 향상되는 경우가 많다.

다만 이런 순간이 오기 전까지 신입 상담사는 매일 공지되는 실적표를 바라보며 전문 상담사나 동기들과 실적을 비교하게 되는데, 이 부분에 대한 안심과 격려를 해주는 것이 바로 관리자의 몫이다.

지금 이 책을 읽고 있는 신입 상담사가 있다면, 최소 3개월 이상은 지켜봐야 한다고 말해주고 싶다. 상담을 하면서 자판을 동시에 치게 되는 날이 온다면, 분명히 총 콜 수도 상승해 있을 것이다.

4

신입상담사
과정 따라하기
(13개월 ~)

1

나만의 직업경로개척을 해보자

상담사로 입사했더라도 이후의 포지션에 변동이 있을 수 있다는 점을 앞서 살펴보았다. 또한 상담사 경력을 살려 다른 직업을 택할 수도 있다. 이처럼 상담 업무를 통해 얻은 경험과 지식으로 다른 포지셔닝을 개발해가는 것을 직업경로개척이라고 한다.

다음의 질문과 답은 정형화된 직업 인식에서 벗어나, 직업 경험을 통한 포지셔닝 변환에 대한 기본적 지식을 개괄한 것이니 참고하도록 하자.

> **Q** : 입사한 지 2년 된 상담사입니다. 업무는 어느 정도 익숙해졌지만, 관리자가 되고 싶지는 않습니다. 상담사 경력으로 할 수 있는 다른 직업은 어떤 것이 있을까요?

A : 앞에서도 언급한 바와 같이 상담사는 단순 업무가 아니다. 하지만, 이것을 인지하고 입사하는 상담사는 거의 드문 것이 현실이다. 입사해보니 업무 강도가 높다고 말하는 상담사들이 많은데, 이 표현보다는 '예상했던 것보다 높다.'는 표현이 맞을 것이다. 상담사 역시 다른 전문 직종과 마찬가지로 엄연한 전문직이기 때문에 숙련된 기술을 필요로 하고, 그만큼 숙련의 과정도 쉽지 않은 것이다.

이런 이유로 적응 기간이 어느 정도 지났다 하더라도 목표의식이 뚜렷하지 않은 상태에서는 스트레스 받는 일에서 벗어나고 싶다는 생각이 들 수도 있다. 실제로 포털 사이트와 카페에는 위와 같은 질문이 자주 올라온다. 그렇다면 이 시점에서 다른 질문을 하나 더 추가해야 할 것 같다. 바로 '여러분은 어떤 직업이 좋은 직업이라고 생각하는가?'라는 질문이다.

먼저, 직업에 대한 에피소드를 하나 소개하겠다. 사람은 보는 대로 생각하는 것이 아니라, 배운 대로 생각한다고 한다. 직업에 대한 고정관념 또한 우리가 인지하지 못한 상태에서 습득된 고정관념일 수 있다. 아래의 에피소드를 살펴보면, 상담사라는 직업에 대한 생각을 다시 한 번 정리할 수 있을 것이다.

Episode 4   **좋은 직업이란?**

▶ 등장인물 : 친구 A, 친구 B, 친구 C, 친구 D

A,B,C,D는 고교 동창이다. 먼저, 간단히 각각의 프로필을 소개하겠다.

• 친구 A - 약학과 졸업

前 개인약국 약사

現 종합병원 조제약사

• 친구 B - 간호학과 졸업

前 개인병원 간호사

現 종합병원 간호사

• 친구 C - 국악학과 졸업

前 유아학원 강사

現 프리랜서 강사 및 참고서 편찬

• 친구 D - 소비자 주거학과 졸업

前 인테리어 회사 사원

現 족발 전문점 CEO

친구 A와 친구 B는 고등학교 시절 성적이 좋았다. 그도 그럴 것이 둘 다 욕심 많고 지고는 못 사는 성격이었다. A와 B는 고 3 시절 약학과와 간호학과를 선택했으며, 졸업과 동시에 약사와 간호사로 취직했다. 각자의 직업에 대한 프라이드도 남달랐다.

친구 C는 공부에 취미가 없었다. 성적이 떨어져 고민하던 중 수능 6개월을 앞두고 국악으로 진로를 변경했다. 풍물 동아리에서 장구를 곧잘 쳤던 그녀는 이후 행운이 뒤따르기라도 한 듯 예체능으로 진로 변경한 학생들 중에 유일하게 대학에 합격했다. 당시를 회상할 때면 그녀는 "운이 좋았다."고 말하곤 한다.

친구 D는 개성이 강하고 고등학교 시절 부회장, 대학교 때는 단과 대학 대표를 맡을 정도로 외향적이었다. 그녀는 대학 전공으로 소비자 주거학과를 선택했고, 졸업 후 사무직은 적성에 맞지 않는다며 인테리어 회사에 취직했다.

그리고 대학 졸업 후, 10년이라는 세월이 흘렀다. 이 네 사람은 과연 어떤 모습으로 살고 있을까?

개인 약국에 취업했던 A는 약사라는 직업은 'Career PATH'가 없다며 불만스러워 했다. 개인 약국 근무만으로는 경력이나 급여에 변화를 가져오기 어려운 데다 종일 갇혀 있는 것도 힘들다고 했다. 결국 A는 큰 결단으로 종합병원 약제과로 이직해 조제약을 만들고 실험하면서 새로운 커리어를 쌓고 있다.

친구 B는 간호사로 취업해 종합병원 간호사로 근무하게 되었다. 환자를 돌보는 일이 즐겁다는 B는 간호사의 직업이 적성에 맞는 듯

했다.

친구 C는 졸업할 즈음 걱정이 가득했다. 국악과를 졸업해도 앞으로 굶을지 모르는 상황에서 일단 서울로 가겠다고 했다. 서울 외할머니 댁에 자리를 잡은 그녀는 학원에서 아이들을 가르쳤고, 5년 정도가 지나자 경력이 쌓여 ○○대학 평생교육원으로 강의를 나가게 되었다. 그녀는 여기에서 멈추지 않고 이후 석사학위를 취득했으며, 지금은 프리랜서로 강의하며 국악 어린이 도서를 집필하고 있다.

친구 D는 인테리어 회사에 취직했지만 밤샘 작업이 너무 힘들다며 그만두고 족발집을 창업했다. 프랜차이즈의 리베이트를 탐탁지 않게 여겨 직접 유명 족발 전문점에 취업해 족발 만드는 법을 배웠는데 솜씨가 꽤 괜찮았다. 현재는 옆 건물에 동생이 치킨집을 개업하면서 족발 전문점을 확장했다. 오늘도 바쁘게 족발을 삶고 배달할 그녀는 분주한 삶에 적응하고 있는 중이다.

그렇다면 여러분은 이중에 어떤 직업이 매력적이라고 생각하는가?

◆ ◆ ◆

필자는 어릴 적 한 가지 직업을 동경하는 스타일은 아니었다. 만화를 보면 만화가가 되고 싶었고, 소설을 읽으면 소설가가 되고 싶었으며, 영화를 보면 영화감독을 희망했다. 지금 생각해보면 꿈 많고 철없던 소녀 시절이었다.

반면, 어른들이 선호하는 직업은 분명했다. 당시, 의사, 판사, 변호사, 검사, 교사, 과학자 등 특히, '사' 자로 끝나는 직업이 동경의 대상이었다. 이 책에서는 이 직업들을 '정형화된 직업' 이라고 정의할 것이다.

만일 필자가 10년 전에 친구 A, B, C, D 중에 누가 가장 부럽냐는 질문을 받았다면, 아마 친구 A를 꼽았을지도 모른다. '정형화된 직업'을 중요시하는 풍토였기 때문이다. 하지만 빠르게 변화하는 지금과 같은 세상에서는 미래 10년을 염두에 둔다면 친구 C의 'Career PATH' 야말로 괄목상대하다고 평가할 것이다. 실로 또 다시 10년이 지났을 때 가장 성공해 있는 사람은 누구일까?

SNS가 생겨난 지금, 이제는 정형화된 직업이 아닌 나 자신만의 직업을 만들어가는 시대가 열렸다. 실로 '파워 블로거' 라는 직업도 10년 전에는 존재하지 않았다. 그렇다면, 상담사라는 직업에서 나만의 커리어를 쌓으며 새로운 직업에 도전하는 것이 과연 불가능할까? 지금의 경력을 토대로 나만의 직업을 만들 수 있는 길이 있지 않을까?

그 대답으로 지금부터, '상담사'라는 직업에서 다양한 직업경로개척을 구상해보도록 하겠다.

애초에 필자는 직업을 선택할 때 자신이 좋아하는 일을 선택해야 한다고 강조했다. 또한 이렇게 선택한 직종에서 경력을 쌓아 자신이 잘할 수 있는 일을 캐치하는 시야가 생겼을 때, 기존 경력에 그 일을 추가하면 직업경로개척이 된다. 다음의 [그림4]처럼 꿈을 이루기 위한 발판으로 경력을 먼저 쌓고, 부족한 부분을 단계별 목표를 통해 채워 나가는 것이다.

그림 4 Career PATH

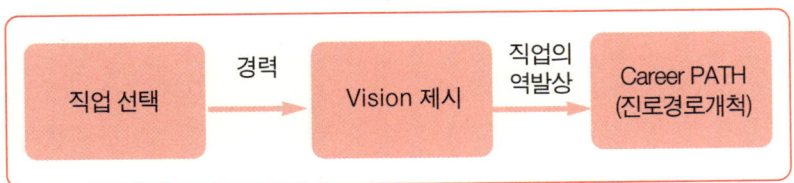

필자는 직업에 대해서만큼은 '나만의 새로운 직업을 만들라.'고 조언하고 싶다. 「스타 특강」이라는 TV 프로그램을 보면, 자신만의 새로운 직업을 만들어 성공한 사람들의 에피소드를 찾아볼 수 있다. 하지만 그들을 마냥 모방하는 것만 능사일까?

에피소드는 말 그대로 하나의 일화일 뿐이다. 사람이 다 같을 수 없는 것처럼 내 적성이나 성격도 그들과 같지 않다. 즉 몸에 맞지 않는 옷을 입지 말고, 나만의 에피소드를 만들어야 한다. 또한 기존의 직업 경력으로 시야를 넓히고, 새로운 직업을 창조하려면 최소한 10년 이상이라는 긴 시간이 필요하다는 점도 명심해야 한다. 시야가 생기면 단계적으로 목표를 설정해 꿈을 향해 한 발짝 더 다가서는 것이다.

한 예로, 축구선수 이영표를 살펴보자. 그는 '축구선수'라는 직업을 택해 국가대표, 월드컵 등의 경력을 쌓으며 경력의 바탕을 다졌다. 또한 선수 생활을 하면서 축구계의 변화가 필요하다고 절감했다. 결국 그는 영향력을 행사할 수 있는 축구 행정가가 되기 위해 경험과 공부가 필요하다며 미국으로 떠났다. 과거의 축구선수는 대부분 선수생활 이후 학교나 협회에서 지도자의 역할을 하는 것이 정해진 수순이었던 만큼, 이영표 선수의 포지셔닝 변환은 국내 축구선수들에게 새로운 방향을 제시한 것이라고 볼 수 있다. 즉 그는 자신만의 직업경로를 개척한 또 하나의 예시가 된 것이다.

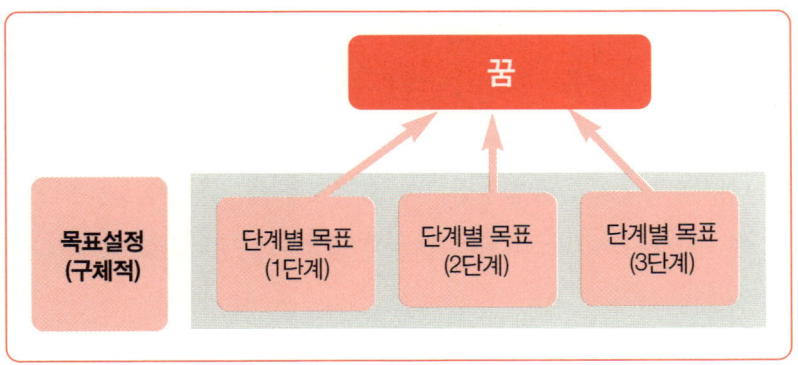

그림 5 Career PATH 과정

그렇다면, 직업경로개척을 하려면 처음부터 다른 사람들이 부러워할 만한 직장에서 시작해야만 하는 걸까? 그 답은 초반에 필자가 언급한 '직업에 대한 자부심'을 상기하며 아래 에피소드를 통해 이해해보자.

> Episode 5   **목욕관리자의 비전(Vision)은?**

▶ 등장인물 : 진관리 안마사, 강피로 슈퍼바이저

고객센터 슈퍼바이저인 강피로는 마사지를 받으러온 차였다. 종일 이어지는 컴퓨터 업무에 어깨 근육이 자주 뭉쳤기 때문이다. 운동을 하면 나아지곤 했지만, 바쁜 일정에 운동 시간을 놓치기 일쑤였다.

　그 와중 그는 한 마사지숍을 찾았다가 중국 연길 교포 출신인 마사지사 진관리를 만났다. 그녀는 다른 관리실에 비해 비용도 저렴하고 시간도 두 배인 마사지를 서비스하고 있었는데, 체력 때문에 오전 7시에 아침 운동을 빼놓지 않는다고 말할 정도로 자기관리가 철저했다.

　"날씨가 많이 풀렸죠? 처음 한국에 왔을 때도 겨울이었는데, 그때 생각이 나네요."

　회상에 잠긴 진관리가 잠시 숨을 고르며 말을 이었다.

　"처음에 한국에 와서는 목욕탕에서 때를 밀었어요. 참 힘들더라고요. 아저씨가 20년째 집에만 있으니까 내가 벌어서 중국에 있는 아들 학비 보내야지, 생활해야지, 그때는 참 힘들었어요."

　강피로가 놀란 듯이 물었다.

　"목욕탕에서도 일하셨어요?"

　"네. 목욕탕에서 때도 밀고 마사지도 하고… 그런데 너무 힘들어서 주식도 해보려고 했지요."

　"주식이요?"

　강피로는 새로운 이야기에 흥미를 느끼며 귀를 기울였다.

　"힘들더라고."를 몇 번씩 말하는 진관리는 전에는 이런 얘기를 한 적이 없었다.

"그래서 주식 책을 사서 지하철에 오며 가며 읽어봤어요. 모르니까 알고 돈을 넣어야겠다는 생각이 들어서요. 그런데 어렵더라고요. 그래도 때 미는 것이 힘들어 언제까지 할 수 있을까 고민은 계속했지요. 그러다가 때마침 마사지에 관심을 갖게 됐어요. 책도 사서 읽고 시 정부와 직업전문학교에서 무료강좌도 듣고 자격증도 따서 가게를 차렸죠."

그 이야기를 듣자 강피로의 머릿속에서도 진관리의 힘들었던 시절이 파노라마처럼 지나갔다.

"그럼 다 무료로 배우고 마사지숍 차리신 거예요? 대단하세요!"

강피로의 칭찬에 진관리는 수줍게 웃었다.

"네, 한 푼도 안 들이고 배워서 가게 차렸어요. 게다가 가격 싸고 성의껏 해주니까 한번 온 사람은 단골이 되더라고요. 벌써 여기에서 가게한 지 5년째네요."

그녀의 말투와 표정에서는 일에 대한 자부심이 느껴졌다. 이어지는 이야기로는, 직원을 쓰니 오히려 손님이 떨어져 강남에서 발마사지숍에 근무하는 아들 내외를 불러들였다고 한다. 아들 부부가 오면 네일아트와 발마시지로 가게 운영을 확대할 예정이며, 아파트와 가게가 모두 본인의 소유라고 했다. 실로 진관리의 예약은 오전 8시부터 오후 10시까지 꽉 차 있었으며, 그 와중에 언급한 그녀의 수입은 고객센터 관리자인 강피로 급여의 3배가 넘었다.

강피로는 마사지를 받고 집으로 돌아가는 길에 진관리에 대해 생각했다. 진관리는 직업에 대한 비전을 스스로 제시했을 뿐 아니라 지금도 직업경로를 개척하고 있었다. 그렇다면 사람들이 3D 직종이라고 말하는 목욕관리사였던 그녀가 이 만큼 성장할 수 있었던 기동력은 무엇이었을까?

◆ ◆ ◆

지금부터 몇 가지 질문을 던져보자. '좋은 직업이란, 어떤 직업을 의미하는가? 내 현재 직업은 좋은 직업인가? 나만의 직업경로개척은 어떤 형태로 이루어져야 할까?'

진관리는 사회적 인식이 낮은 목욕관리사라는 직업에서 자신만의 직업경로개척을 찾았다. 이 같은 기적은 어떤 직업이든 현재의 자리에서 최선을 다하며 경력을 쌓고, 직업을 업그레이드하고자 하는 의지만 있다면 충분히 가능한 일이다.

그러나 문제는 직업의 고정관념에 묶여 기존의 '정형화된 직업'에서만 비전을 찾는 데 있다.

한 공무원 시험 학원의 유명 강사가 한 우스개가 있다.

"저는 맞은편의 입시학원에 들어가는 고3 학생들을 보면, 어차피 2~3년 후면 여기로 오게 될 텐데 그냥 이리로 들어오라고 말하고 싶어요."

바로 정형화된 직업에 대한 우리의 고정관념이 이 웃지 못 할 상황을 만들고 있는 것이다.

최근 한국직업능력개발원이 초·중·고등학생을 대상으로 실시한「2012 학교진로교육 지표조사」를 보면, 최근 아이들이 희망하는 직업이 지나치게 단순화되었음이 명확하게 드러난다. 그야말로 '따분해진 장래희망'인 교사, 연예인, 공무원, 의사 정도가 거의 전부다.

마지막으로, 비전에 대한 제시의 주체에 대해서도 고민해봐야 한다. 비전 제시의 주체는 과연 '회사'와 '나 자신' 중 누가 되어야 할까?

사회적으로 성공한 이들 중에 비전을 회사에서 제시해줬다고 말하는 사람은 없다. 그들은 '특별한 나'는 자신만이 만들 수 있다고 강조한다. 지금부터 시야를 넓혀 나만을 위한 직업경로개척, 즉 커리어 패스를 만들어야 한다.

2

관리자가 되려면
어떤 준비 과정이 필요할까?

일반 상담사와 비교할 때 관리자는 훨씬 다양한 업무를 체계적으로 진행해야 한다. 특히 상담 업무의 관리자는 전반적인 관리뿐만 아니라 상담사를 돕고 이끄는 리더 역할까지 해야 하는 만큼 적지 않은 준비와 수련이 필요하다. 다음의 질문과 답을 통해 고객센터 관리자의 업무에 대한 전반적인 그림을 그려보도록 하자.

Q : 고객센터 관리자가 되기 위해 준비 중인 상담사입니다. (or 고객센터 관련학과에 재학 중이며 관리자로 취업하려고 준비 중인 학생입니다.) 관리자에게 필요한 역량은 무엇이며, 준비 과정에서 자격증이나 다른 필요한 것은 무엇인지 알려주세요.

A : 관리자는 기본적으로 '상담사'라는 직업에 대해 충분한 인지가 필요하다. 즉 본인 스스로 이 부분을 제대로 공부해야만 상담사들에게 비전을 제시하고 동기를 부여하는 일이 가능하다. 자격증과 학교는 각각 앞서 제시한 [표5], [표6]를 참고하시면 된다.

나아가, 관리자에게 필요한 역량을 살펴보기 전에 관리자의 정의에 대해서도 생각해볼 필요가 있다. 즉 고객센터에서 관리자(리더)란 무엇인지를 알아야 한다는 뜻이다. 사전적 의미에서의 관리자

(administrator)란, 조직 안에서 타인을 통해 목표를 달성하는 사람으로서 의사 결정을 하고, 자원을 배분하며, 목표 달성을 위해 다른 사람의 활동을 지시하는 사람, 상하수직적인 의미로는 상사를 뜻한다.

하지만, 인력관리가 업무의 전부라 해도 과언이 아닌 고객센터 관리자의 직책은 다소 다른 의미로 해석될 필요가 있다. 필자의 경우, 관리자는 '도와주는 사람(Helper)'이라고 정의하고 싶다. 즉 상담사에게 업무에 필요한 환경을 조성해주며, 이들이 필요한 직무지식을 갖출 수 있도록 도와주고, 기타 업무를 조율해주어야 한다. 나아가 관리자가 걸맞은 철학 없이 단순히 상사라는 생각만으로 인력관리를 하게 될 경우, 실적은 몰라도 이직률 관리는 어려워진다는 점도 명심해야 한다.

이 부분은 '전문 관리자 과정'의 이직률 관리에서 더 자세히 다루도록 하고, 다음 [Episode 6]을 통해 관리자에게 필요한 역량과 부족한 점을 개선하고 보완할 방법을 고민해보도록 하자.

Episode 6   '나' 만 생각하는 상담사?

▶ 등장인물 : 김우수 상담사, 이친구 상담사

김우수 상담사는 수습 과정을 갓 마친 신입 상담사로서 실무 첫 당월 실적에서 200명 중 1등을 했다. 직무지식, QA, CSI(고객만족지수[10]), 콜 실적 등 다양한 항목의 점수에서 이제 막 수습 과정을 마친 신입 상담사가 1등을 차지하는 것은 하늘의 별 따기였다. 이 이례적인 사건으로 김우수는 고객센터의 이슈가 되었고, 그 뒤로도 실적은 상위 3% 이내에 속했다.

6개월이 지난 어느 날, 이친구 상담사와 출근길에 마주친 김우수가 말했다.

"나 아무래도 곧 슈퍼바이저가 될 것 같아! 기본적으로 2~3년은 다녀야 하지만, 나는 실적이 우수해서 1년 정도만 다녀도 관리자로 올려준다고 하더라고."

김우수의 말에 1년 먼저 입사한 이친구가 시무룩하게 대답했다.

"어! 그래? 잘 됐다. 난 언제 후보에 오르려나. 오늘 보는 직무 시험공부는 많이 했니? 5페이지에 이해가 안 되는 게 있는데, 물어봐도 돼?"

"아니~ 공부 하나도 못했어! 근무시간에라도 해야지!"

오후 근무 후, 직무 시험을 치루고 점수를 매기던 김우수가 아쉽다는 듯 말했다.

---

10 CSI(Customer Satisfaction Index): 고객만족도 조사.

"아우~ 또 하나 틀렸네! 만점 받을 수 있었는데."

김우수는 형광펜과 볼펜 칠로 시커멓게 변해버릴 정도로 공부한 시험 범위 위에 얼굴을 박고 한숨을 쉬었다. 옆에서 이친구가 김우수의 등을 토닥거리며 말했다.

"하나 틀렸으면 잘했잖아. 난 80점인데, 뭘."

이후 김우수는 계속해서 상위권 실적을 냈지만 결국 팀원 평가 즉, 동료 상담사들의 평가에서 늘 최하 점수를 받아 관리자로 선출되지 못했다. 김우수는 입사한 지 10년이 넘은 지금도 상담사로 일하고 있다.

◆ ◆ ◆

관리자가 되기 전 단계의 예비 관리자는 다양한 역량을 준비해야 한다. 즉 관리자에게 필요한 역량을 살펴 하나씩 연습을 해야 하는 것이다. 그렇다면 실력은 좋았던 김우수가 놓친 것은 무엇일까?

쉽게 말하자면, 고객센터는 학교가 아니다. 학교에서는 성적을 보지만, 관리자는 헬퍼로서의 포용력이 있어야 한다. 옆자리 친구에게 이해 안 되는 문제조차 가르쳐주지 못한다면, 어떻게 10명 이상의 상담사를 관리할 수 있겠는가?

팀원들의 평가가 계속 낮았다면 김우수는 일찌감치 본인의 부족한 점을 실적이 아닌 그 부분에서 찾았어야 했다. 나아가 관리자는 겸손함 또한 미덕이다. 내가 다른 사람보다 어떤 일을 잘할 때, 그것은 내가 그보다 뛰어나서가 아니라 그 재주를 조물주가 조금 더 얹어주신 것임을 알아야 한다.

즉 조금 더 얹어준 만큼 다른 재주를 더 가져가셨을 테니, 부족한 능력을 찾아 보충해야 하는 것이다.

Q : 저는 금융사 고객센터에서 3년째 근무하고 있는 상담사입니다. 실적도 좋은 편이고 근무경력도 적지 않은데, 관리자 후보로만 거론될 뿐 항상 떨어집니다. 워낙 경쟁률도 세거니와 T/O도 거의 없어 어렵네요. 이제 와서 다른 센터에 갈수도 없고, 어떻게 해야 할까요?

A : 제법 규모 있는 고객센터의 경우, 슈퍼바이저나 QAA가 되는 일은 결코 쉽지 않다. 이를테면 300명 규모의 고객센터의 경우, 관리자가 30명을 넘지 않는다. 또한 규모 있고 안정적인 고객센터는 이직률이 상담사의 경우 10% 내외, 관리자는 많아야 5%다. 즉 나가는 사람이 한 달에 한 명 꼴이니 T/O가 거의 없는 것이 현실인 것이다. 현실이 이러하니, 실적만으로 관리자가 되겠다는 것은 어불성설이다. 여기서

필자는 실적 관리보다 중요한, 관리자가 되기 위한 팁을 하나 제시하고자 한다. 바로 '빈틈을 공략하라!' 이다.

이 문구는 자기관리나 자기계발 책에 무수히 적혀 있지만, 이 이론을 현실에 접목하는 이는 극히 드물다. 예를 들어, 관리자 후보로 오른 상위 3%의 상담사 10명을 보자. 과연 이들의 실적 차이가 얼마나 클까? 다들 베테랑이다 보니 평균 점수의 차이가 소수점 이하일 수도 있다. 이럴 경우, 나의 부족한 1%를 채우는 센스가 필요하다. 아래의 에피소드를 읽어보며, 나만의 차별점을 어디서 채울 수 있을지 생각해보자.

Episode 7   실적이 채우지 못한 1%는?

▶ 등장인물 : 통화품질 부서(이기회 슈퍼바이저, 초적극 상담사, 안투덜 상담사)

초적극 상담사와 안투덜 상담사는 ○○ 통신사의 휴대폰 통화품질 상담 부서에서 3년째 근무하고 있다. 하지만 통화품질 부서에서는 기지국 관련 상담만 할 뿐, 기타 부가서비스 관련 상담은 진행하지 않았다. 이 때문에 두 상담원은 팀 내에서 실적이 우수했음에도 다른 서비스에 대한 직무지식이 낮다고 평가되어 번번이 관리자 후보에서 밀려나곤 했다.

어느 날, 근무 중 이기회 슈퍼바이저가 초적극을 불렀다.

"이번에 본사에서 전국 고객센터, 대리점 모두 통합해서 퀴즈대회를 연다는데, 우리 팀에서는 자네가 나가는 게 어떨까? 고객센터 내에서도 예선을 보니, 막상 나가도 거기서 떨어지면 못 나갈 수도 있고."

초적극은 평소 질투심이 많은 안투덜이 마음에 걸려 이렇게 제안했다.

"안투덜에게 먼저 물어봐주시고, 나간다면 보내주세요."

잠시 후 이기회가 다시 초적극을 불렀다.

"안투덜은 안 나간다고 하니, 자네가 나가야겠어."

초적극은 고개를 끄덕였다.

"그럼, 시험 범위 좀 뽑아주세요. 통화품질 부서가 다른 팀보다 상담 지식이 낮지 않다는 것을 확실히 보여주고 오겠어요."

"잘할 수 있겠어? 좋아! 나도 적극적으로 밀어주지!"

말은 그렇게 했지만, 시험 범위를 본 초적극은 한숨만 나왔다. 본인 업무 외의 업무를 공부하는 회사원이 사실 얼마나 되겠는가? 정말 모르는 서비스 천지였다.

하지만 공부에는 왕도가 없다고 했던가? 그날 이후 초적극은 대회 당일까지 3주 동안 4시간 이상은 자지 않고 공부했다. 회사 퇴근 후에도 무조건 내용을 외우는 데 시간을 투자했다.

퀴즈대회 당일! 직무교육을 담당하는 교육담당 QAA까지 총 100명이 참여한 대회에서, 고객센터 직원으로는 유일하게 초적극만이 결승 5인방 안에 남게 되었다. 매번 정답을 써서 올리는 초적극의 귀에 "쟤는 통화품질 부서인데, 어떻게 저 서비스를 알아?"라는 소리가 들려왔다. 초적극은 속으로 '3주 동안 밤 세워가며 외웠지!'라고 말했다.

최종 우승은 못했지만, 200만 원 상당의 여행 상품권을 탄 초적극은 결국 다음 달에 관리자로 임명되었다. 마지막까지 같은 관리자 후보였던 안투덜 상담사와 그의 최근 6개월 실적 차이는 불과 0.06점에 불과했다. 결국 안투덜은 승진 결과를 인정할 수 없다며 이직했다.

◆ ◆ ◆

현재 부족한 1%를 먼저 파악하라. 부족한 1%는 기다리면 채울 수 있는 기회가 반드시 온다. 그 기회를 볼 줄 아는 것도 능력이다.

그런데도 대부분의 상담사들이 실적이라면 작은 점수 차에도 예민하면서, 그 이외의 기회에 대해서는 무관심하다. 위에서처럼 사실상

우수사원들의 실적 차이는 아주 미세하다. 나아가 실적보다 더 어필할 수 있는 기회는 분명히 있다.

　필자가 슈퍼바이저로 근무할 당시, 본사에서 모바일 상품에 대한 기획안을 내는 프로모션을 진행한 적이 있었다. 이 사실을 팀 내에 공지하고 우수상담사 3명에게는 아이디어만 내면 보고서는 대신 작성해주겠다고 했음에도 아이디어를 제출한 사람은 단 한 명뿐이었다.
　다행히도 '현재 사용하고 있는 음악파일을 장바구니에 담아 결재하자.' 는 그 아이디어는 프로모션에서 수상을 했고, 다음 달 해당 상담사는 관리자가 되었다. 이처럼 다양한 프로모션 대회에는 주목할 필요가 있으며, 주최 측의 규모가 클수록 꼭 기회를 잡아야 한다.

5

신입 관리자
과정 준비하기
(0~12개월)

1

신입 관리자가 쉽게 할 수 있는 실수

막상 관리자가 돼도 정작 해야 할 일은 첩첩의 산중이다. 관리자가 되면 책임 소재가 광범해질 뿐만 아니라 상사와 부하들과의 쌍방 의사소통에도 성의를 기울여야 한다. 그렇다면 신입 관리자들은 어떤 업무를 가장 어려워하며, 그 어려움을 해결할 방법은 무엇인지 다음의 질문과 답으로 살펴보도록 하자.

Q : 고객센터 관리자로 3개월 차에 접어든 신입 관리자입니다. 가장 힘든 것은 다그치는 상사의 지시를 어디까지 수용하느냐는 것입니다. 상사의 지시를 상담사들에게 그대로 전달하자니 너무하는 것 같고, 안 하자니 상담사의 실적이 낮은 것은 분명해서 혼란스럽습니다. 조언 부탁드립니다.

A : 관리자로서 기본적으로 갖추어야 할 중요한 역량 중에 하나가 바로 의사소통이다. [그림6]에서도 나타나듯이 중간관리자(Supervisor, QAA)는 Customer(고객), Manager(상사), CSR(상담사)에 대한 업무를 처리하는 동시에 의사소통까지 진행해야 한다. 어쩌면 이것이야말로 신입 관리자가 가장 힘들 수 있는 부분이다. 의사소통은 차후 코칭(Coaching)에서 다시 설명하겠지만, 인력 관리의 가장 기본적인 역량으로서 이 부분이 잘 이루어지지 않으면 관리자로서 책임

을 다하기 어렵다.

그림 6 중간관리자의 의사소통

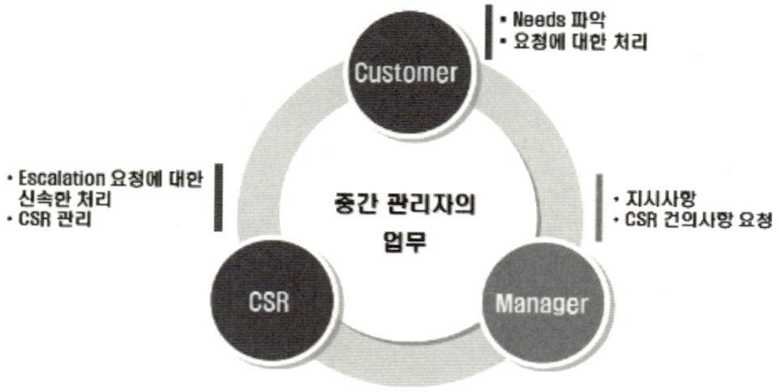

지금부터 한 슈퍼바이저의 에피소드를 읽어보며, 중간관리자의 의사소통에 대해서 생각해보도록 하자.

Episode8   매니저에게 뺨 맞고 상담사에게 눈 흘긴다?

▶ 등장인물 : 김 매니저, 주눅든 슈퍼바이저, 하위권 상담사

주눅든 슈퍼바이저는 오늘도 김 매니저의 호출을 받았다. 아까 발표

된 지난달 실적에서 주눅든의 팀이 14개 팀 중 꼴찌를 차지했기 때문이다.

벌써 두 달째 꼴찌였다. 이 때문에 지난달에는 실적이 발표되자마자 김 매니저가 그를 불러 어떻게 할 거냐며 닦달한 바 있었다.

신입 관리자인 주눅든은 평소 관리에 대한 조언도 없이 결과에만 예민한 김 매니저가 야속했다. 지난달에는 오전 8시부터 오후 10시까지 일하고 주말에도 근무했건만, 대체 뭐가 잘못되어 또 꼴찌를 했는지 알 수 없었다. 김 매니저는 앉자마자 실적 자료를 폈다.

"뭐가 문제라고 말할 수 없을 정도로 모든 항목에서 실적이 낮아요. 특히, 하위권 상담사 실적은 이게 뭡니까?"

김 매니저가 콕 집어낸 하위권 상담사는 300명 중 298위를 차지해 팀 순위 하락에 큰 몫을 하고 있었다.

"죄송합니다."

주눅든이 고개를 숙이자 김 매니저가 신경질적으로 말했다.

"이번 달 케어(care) 방안 작성해서 내일까지 제출하도록 해요. 특히, 이 하위권 상담사에 대한 방안은 별도로 기재하세요. 팀 실적이 이렇게 낮으면, 옆에 실적이 잘 나오는 팀은 어떻게 관리하는지 보고 배워요. ○○팀 슈퍼바이저는 2등 했던데, 어떻게 관리하는지 물어본 적 있어요?"

주눅든은 어이가 없었다. 그거야말로 김 매니저가 해야 할 일 아닌가? 실적이 우수한 슈퍼바이저에게 가서 노하우를 구걸이라도 하라는 것인가? 매니저로서 본인은 대체 무엇을 했단 말인가?

주눅든은 신입 슈퍼바이저로서 김 매니저에게 보고서 작성법만 피드백을 받았을 뿐, 실적관리에 대한 팁은 듣지도 못한 상태였다. 지금 주눅든에게 필요한 것은 보고서에 화려하게 색칠하는 방법이 아닌 팀 관리에 대한 구체적인 예시나 노하우였다. 그런데, 이번에도 보고서나 제출하라니 답답했다. 그는 5분 더 김 매니저의 격앙된 목소리를 듣고 나서야 회의실을 나올 수 있었다. 실적파일 같은 건 될대로 돼라 집어 던지고 집에 가고만 싶었다. 그때 주눅든의 눈에 아까 언급된 하위권 상담사가 들어왔다.

주눅든은 지난 달 그녀에게 시간과 공을 많이 들였다. 면담도 하고, 중간 실적도 자주 체크해줬다. 중순까지는 그럭저럭 하는 듯하더니, 월말에 다시 무너지기 시작했다. 결국 한 달 전과 실적이 같지 않은가!

"이것도 실적이라고 할 수 있겠어요? 회사를 다니다 보면 실적이 떨어질 수도 있고, 오를 수도 있어요. 그런데, 모든 항목에서 매번 낮다면 그거야말로 문제지. 대체 문제가 뭔지 말해봐요."

어느새 주눅든도 김 매니저와 다를 바 없이, 그녀에게 실적 향상을 위한 조언이나 코칭을 해주기는커녕 낮은 실적만 닦달하고 있었다.

마치 김 매니저와의 면담을 재방송하는 것 같았다. 그러자 하위권 상담사의 눈시울이 붉어졌다. 그걸 본 주눅든은 흥분이 가라앉지 않은 채 사무실 밖으로 나가버렸다. 그날 오후에는 팀원 중 아무도 주눅든에게 말을 걸지 않았다.

슈퍼바이저와 QAA의 역할은 상담사를 관리하는 것일까? 아니면 도와주는 것일까? 관리자로서 과연 어떤 철학이 필요할까?

◆ ◆ ◆

여기서 주눅든은 과연 무엇을 놓친 것일까? 주눅든의 입장에서 어떻게 행동해야 할지 하나하나 같이 고민해보도록 하자.

첫째, 주눅든은 매니저에게 받은 스트레스를 상담사에게 전달하지 않도록 면담이나 코칭은 시간의 공백을 가져야 했다. 다음의 [그림7]과 같이 높은 부정적 정서는 평정심을 찾는 데 최소 30분 이상의 시간이 소요된다고 한다. 따라서 주눅든처럼 상사에게 심각한 부정적 정서의 기분을 경험한 뒤 곧바로 면담을 실행한 것은 옳은 선택이 아니었다고 볼 수 있다.

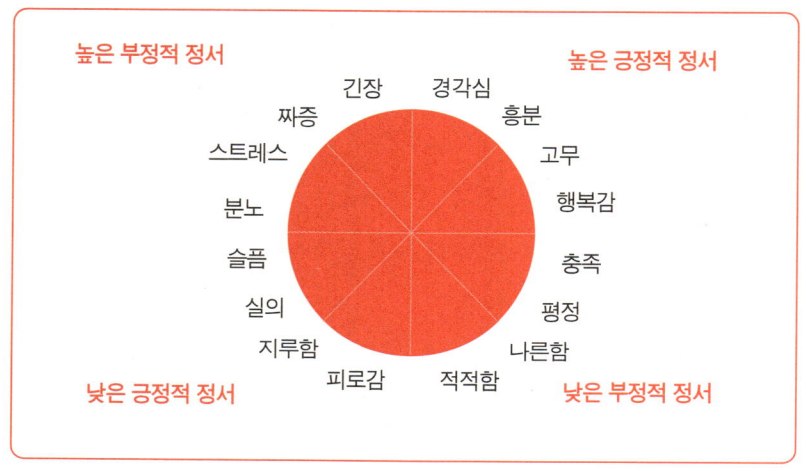

그림 7 기분의 구조

높은 부정적 정서　　　　　　　　　　　높은 긍정적 정서

긴장　경각심

짜증　　　　　　　　　흥분

스트레스　　　　　　　　고무

분노　　　　　　　　　행복감

슬픔　　　　　　　　충족

실의　　　　　　평정

지루함　　　나른함

낮은 긍정적 정서　피로감　적적함　낮은 부정적 정서

출처: Organizational Behavior, 14/e

　둘째, 상담사의 실적이나 근태 개선과 관련해 부정적인 사실을 전달할 때는 최대한 객관적인 자료를 토대로 해야 한다. 예를 들어 '실적이 너무 낮다.', '못한다.' 등의 주관적인 표현은 자제하고, 지난달 상담사 본인의 실적과 비교한 현재의 순위나 퍼센트(%) 등 실적분석 자료를 통해 전달해야 한다. 또한 타인과의 비교는 자제해야 한다.

　셋째, 그렇게 객관적으로 제시한 자료를 상담사가 스스로 이해하고 목표를 설정할 수 있도록 유도해야 한다. 만일 현재 실적이 75콜이라면, 기간을 정해 그 기간 내에 이룰 목표를 상담사에게 이끌어내고 스스로 설정한 목표로 책임감을 강하게 만들어 더 적극적인 자세를 유도하는 것이다.

넷째, 해당 상담사의 목표설정이 미흡하다면, 대안을 제시할 수 있어야 한다. 만일 상담사가 1주일 만에 75콜에서 100콜로 생산성을 상승시키겠다고 한다면, 이것은 실현 불가능한 무리한 목표이다. 이럴 경우 관리자는 목표에 대한 부담을 덜어주고, 생산성을 높이기 위해 현재 어떤 것을 관리하면 될지 등을 조언해줄 수 있어야 한다.

다섯째, 꼭 필요한 경우가 아니라면, 매니저가 사용한 표현을 그대로 상담사에게 전달하는 것은 자제하는 것이 좋다. 특히 상담사의 자존심이 상할 수 있는 표현은 피하는 것이 좋으며, 칭찬은 오히려 효과적일 수 있다. 관리자가 되기 전, 상담사였던 시간을 되돌려 생각해보자. 개구리가 올챙이 적 시절을 잊어서야 되겠는가?

반면, 배려보다 엄격함이 요구되는 부분도 있는데 바로 태도(Attitude)에 관련된 사항이다. 이것은 차후에 설명하도록 하겠다.

Q : 상담사로 3년 근무한 뒤 슈퍼바이저가 된 사람입니다. 업무 인수인계를 받은 뒤 한 달이 지났는데 '내가 지금 제대로 하고 있는가?' 에 대한 질문을 자꾸 반복하게 되어 힘이 듭니다. 하루하루가 정신없이 지나가는데, 이 와중에 관리자가 해야 할 일은 뭔가요?

A : 관리자 발령 후, 가장 혼동되는 부분 중의 하나가 업무에 대한 시각이다. 승진과 동시에 시야의 범위도 넓어지면 좋겠지만, 시야는 결국 경험을 통해 넓어지는 터라 대부분이 승진 초반에는 직전 업무의 시야로 현재 업무를 바라보게 된다.

필자 역시 클레임 부서에서 근무하다가 슈퍼바이저가 된 경우인데, 승진 후 상담사의 불만 전화를 조금이라도 줄여주겠다며 처음 한 달간은 팀의 불만 전화만 인계 받은 적이 있다. 결과는 어땠을까?

불만 전화를 인계하면 상담사의 생산성이 올라가리라 예상했던 것과는 달리 생산성, 고객만족도, QA(모니터링 평가표) 모든 항목에서 실적 하향을 보였다. 관리자인 내가 불만콜을 받으며 직무지식에 대한 문의나 현재 실적 공지 등 실제 관리자가 해야 할 일을 소홀히 했던 것이다. 이후 필자는 슈퍼바이저가 해야 할 업무에 대해 본격적으로 습득하게 되었고, 실적분석을 겸하게 되면서부터 4개월 차부터는 1등을 했다.

다음의 [표8]을 통해 중간관리자의 업무를 참고해 본인이 현재 하고 있는 업무와 비교해보도록 하자.

표 8 중간관리자(Supervisor, QAA)의 업무

분류	업무	업무상세내용
운영목표관리 (KPI)	생산성 관리 품질 관리 스케줄 관리	CAD, ATT, Utilization 모니터링, QA Coaching 스케줄 조율 및 관리
인력관리	면담 근태 Attitude	실적 Coaching, 정서 면담 근태 관리 적극적인 Attitude
교육/훈련	직무지식 통화품질	직무교육 및 Test 통화품질 교육 및 QA평가
개인업무	운영 보고서 Escalation 업무 교육	실적분석, 운영 대책안 관리자 권한 업무, 본사 접수건 등 본인 역량 강화

신입관리자가 흔하게 저지르는 실수는 에스컬레이션(Escalation) 업무[11]를 관리자의 주요업무로 혼동한다는 것이다. 업무의 중요도를 정하는 기준은 '이 일을 관리자인 나만 할 수 있는가? 다른 사원이 대신할 수 있는가?' 이다.

---

[11] 슈퍼바이저의 업무 중 하나로 권한부여가 필요한 업무나 다른 기관으로 이관해 처리하는 업무 등을 상담원에게 이관 받아 처리하는 업무

한 예로 에스컬레이션 업무는 관리자가 바쁠 경우, 전문 상담사 중 한 명에게 권한을 주고 처리할 수 있다. 하지만, 운영관리는 다르다. 과연 이를 상담사에게 맡길 수 있을까?

관리자 업무의 핵심을 놓치고 싶지 않다면, 지금부터라도 근무 시작 전, 오늘 해야 할 일을 적어보자. 이는 업무의 중요도와 대체인력 유무를 고민하고, 업무 순서를 정해 업무에 임하기 위해서이다. 이것에 익숙해지면 정신없는 고객센터 관리자의 하루에서도 꼭 해야 할 일을 빼먹지 않을 수 있다.

Q : 저는 고객센터에서 QAA 업무를 하고 있습니다. 최근 매니저가 자꾸 생산성을 위해 평균통화시간(ATT)를 관리하라고 합니다. 그렇지 않아도 바쁜 외중에 슈퍼바이저 업무를 저희 쪽으로 이관하는 이유를 모르겠습니다. 이런 경우는 어떻게 해야 하나요?

A : 2번에서 중간관리자의 업무에 대해 살펴보았듯, 사실상 슈퍼바이저와 QAA의 관리항목은 명확히 분리되어 있지 않다. 그저 주 업무가 나뉘어져 있을 뿐 운영목표관리(KPI)를 위해서는 서로 융화해 업무를 진행해야 한다. 지금부터 슈퍼바이저와 QAA의 역할을 생각해볼 수 있는 에피소드 하나를 소개하도록 하겠다.

▶ 등장인물 : 한분주 슈퍼바이저, 나꼼꼼 QAA

월요일 오전, 나꼼꼼 QAA가 한분주 슈퍼바이저에게 인사를 건 넸다. "안녕하세요? 지난번 이지원 상담사 코칭 내용으로 상의 드릴 게 있어서요."

〈 실시간 모니터링 결과(이지원) 〉

일 자	11.11.2	11.11.4	11.11.8	11.11.10
문제해결 재확인	O	X	X	X
대기멘트	X	O	O	X
멘트 시행률	50%	50%	50%	0%

이지원은 입사한 지 5개월 정도 된 신입사원으로 코칭에 대한 습득 이 빠른 편은 아니었다. 나꼼꼼은 속상한 표정으로 서류를 짚어가며 말을 이었다.

"코칭을 하면 발전이 있어야 하는데 4번의 코칭에도 멘트 시행률이 오히려 떨어졌어요. 근무 태도가 불성실한 게 아닌가 싶어서 상의하려고요."

한분주가 서류를 훑어보니, 두 가지 항목에 대한 코칭 결과가 기재되어 있었다. 문제해결 재확인(더 문의하실 사항이 있으십니까?)과 대기멘트(잠시만 기다려 주시겠습니까?) 항목의 실행 여부를 모니터링한 결과였다. 두 항목 모두 실행한 결과를 찾아볼 수 없을뿐더러 마지막 4회 차에는 그나마도 모두 실행하지 않았다고 기재되어 있었다.

"이지원 사원이 집중력이 좋은 편은 아니니, 좀 더 신경 써주셔야 할 것 같네요."

한분주의 말에 나꼼꼼은 미간을 살짝 찌푸렸다.

"그럼 어떻게 하죠? 이지원 사원만 계속해서 코칭할 수는 없잖아요."

"나아지지 않는다고 코칭을 중단해서도 안 되죠."

한분주의 대답에 나꼼꼼은 다른 서류를 뒤적이면서 푸념했다.

"코칭할 사원도 많고, 평가도 해야 하는데…."

그러자 한분주도 한숨을 쉬며 말했다.

"저도 할 일이 많아서 신경을 못 썼네요. 아무튼 QA는 나꼼꼼 QAA에게 맡길게요. 그런데, 이지원 사원 QA 말고도 ATT[12]가 너무

---

12 ATT(Average Talk Time): 일정 시간 동안에 상담사가 모든 호를 통화하는 데 소요되는 평균시간. 평균 통화시간. 총통화시간/CPD로 보통 1일 기준으로 산정하며, In-bound에서 사용

13 CPD(call per day): 상담사의 1일 생산성. 보통 콜실적이라고 하기도 함

124

길어서 CPD[13]가 낮아요. 혹시 ATT도 코칭해주실 수 있을까요?"

그 말에 나꼼꼼은 고개를 저었다.

"QA 코칭 일정이 많이 밀려 있어서 곤란할 것 같아요. QA는 더 코칭해보고 결과 공유해 드릴게요."

곧 뒤돌아서서 사라지는 나꼼꼼의 뒷모습을 보며 한분주가 혼잣말을 했다.

"할 수 없지. ATT는 내가 코칭해야겠네." 과연 콜 실적은 슈퍼바이저만의 몫이고, QA는 QAA만 관리해야 하는가?

◆ ◆ ◆

위의 두 관리자는 슈퍼바이저는 운영(QA를 제외한), QAA는 QA만 관리하는 것이라고 오인하고 있다. 그럴 만도 한 것이, 보통 관리자로 승진하면 전 업무자에게 인수인계를 받고 바로 업무에 투입되는 등 업무 영역이나 역할에 대한 교육이 매우 부족하기 때문이다. 또한 슈퍼바이저는 일반적으로 KPI, QAA는 QA 실적으로 평가되는데, 상황이 이렇다 보니 관리자마다 본인의 실적 관리에만 힘쓰게 되는 것이다. 여기에서는 역할에 대해서만 간단히 설명하고, 슈퍼바이저와 QAA가 융화되어 업무하는 PDCA에 관해서는 전문 관리자 과정에서 다루도록 하겠다.

2

이제 상담사를 코칭해보자

관리자의 가장 중요한 역할 중에 하나는 상담사의 직무 능력을 높이기 위한 코칭이다. 코칭은 단순히 상담사를 관리하는 범주를 벗어나 수평적 관계에서 그의 역량을 최대한 이끌어내기 위한 지난한 과정이다. 이어지는 내용을 통해 코칭에 대한 기본적 지식을 습득해보자.

Q : 저는 고객센터 관리자입니다. 업무 중 상담사를 코칭하는 것이 가장 힘든 일이더군요. 특히 상담사에게 실적을 코칭한 뒤에도 별다른 변화가 보이지 않는 경우도 많습니다. 코칭은 어떻게 진행해야 효율적인지 조언 부탁드립니다.

A : 필자의 경험으로, 그간 받았던 수많은 교육 중 가장 불만족스러웠던 것이 코칭에 대한 교육이었다. 대부분 교육들이 상담사 유형을 4개로 나누어 각각의 코칭 기법을 설명하고 있는데, 과연 관리자의 리더십, 상담사의 근속 개월, 고객센터의 현 상황 등 모든 것을 배제한 채 상담사 유형만 나눈다고 코칭이 가능할까? 이제부터 필자와 함께 이해하기 쉽고 적용하기 쉬운 코칭 기법에 대해서 알아보도록 하자.

● 코칭(Coaching): 개인과 코치가 수평적 관계를 이루며 파트너로서 개인의 잠재력 성장을 도모하는 것

고객센터에서 가장 흔하게 사용하는 단어가 코칭이다. 하지만, 단어만 코칭일 뿐 그 실체는 '피드백'에 머물러 있는 경우가 많다. 엄밀히 말해 코칭은 상사와 부하직원의 관계가 아닌 수평적 관계에서 상담사가 성장할 수 있는 가능성을 함께 고민하는 과정이다.

반면 피드백은 관리자가 결과를 상담사에게 통보하는 형식이다. 따라서 코칭 기법을 익히기 전에, '나는 코칭을 하는 관리자인지 아니면 피드백을 하는 관리자인지'를 먼저 생각해볼 필요가 있다.

그림 8 코칭(Coaching)의 패러다임(Paradigm)

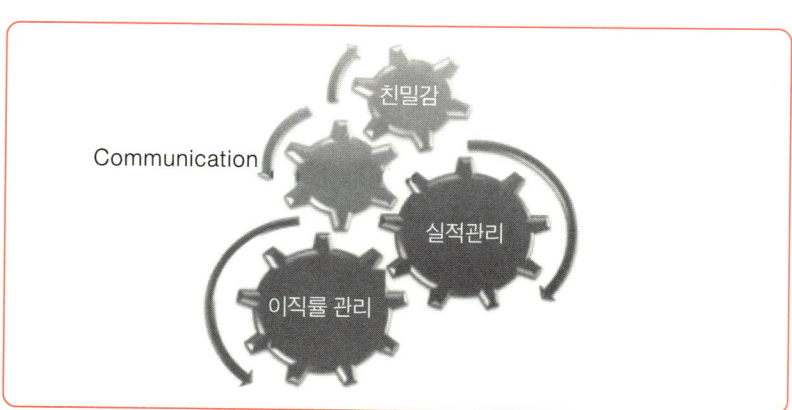

코칭의 기본은 상담사와의 친밀감 형성이다. 친밀감이 바탕해야 의사소통(Communication)이 가능하며, 원활한 의사소통 아래에서만이 실적에 대한 코칭도 가능하다. 그리고 이 같은 과정으로 실적 관리가 가능해지면 커리어 패스가 명확해지면서 상담사의 이직률까지 관리할 수 있게 된다.

위의 그림 8은 코칭의 패러다임을 나타낸 것으로, 이를 제대로 이해하면 상황에 따라 적절한 코칭 기법을 활용할 수 있다. 반면 관리 기법에 정석이란 없는 만큼 관리자는 '어떤 방법을 사용할 것인가?'를 끊임없이 고민해야 한다. 이와 관련한 심화된 과정은 전문 관리자 과정에서 다루도록 하고, 먼저 코칭의 패러다임 중 가장 기본이 되는 친밀감 형성에 대해서 알아보도록 하겠다.

> **Episode 10**　**내 마음을 열어봐!**

▶ 등장인물 : 오사랑 슈퍼바이저, 한생소 상담사

오사랑 슈퍼바이저는 한생소 상담사와의 면담을 앞두고 고민에 빠졌다. 지난 두 번의 면담에도 한생소와의 거리감이 좁혀지지 않았기 때문이다. 물론 실적이 낮은 한생소로서는 팀 변경 후 진행된 첫 면담에서 실적을 언급하는 오사랑에게 밝게 호응할 수 없었으리라. 오사랑은 한생소에게 실적을 먼저 언급했던 일이 문득 미안해졌고, 그래서 다시 면담 시간을 잡았지만 어떻게 다가서면 될까 고민스러울 수밖에 없었다.

"편하게 앉아요. 생소 씨랑 차나 한잔 하려고 불렀어요. 종일 같이 있어도 한 마디 하기 힘든 게 이 직업이잖아요."

오사랑은 다과가 담긴 쟁반을 한생소에게 내밀었다. 그제야 한생소도 긴장했던 어깨를 살짝 폈다. 아마 이번 면담도 앞선 두 차례 면담처럼 실적 면담이리라 생각했던 모양이다. 그때 오사랑은 한생소가 치즈 맛 과자를 골라 봉지를 뜯는 것을 눈여겨 보았다.

"아~ 생소 씨는 치즈 맛을 좋아하는구나. 어떤 치즈 좋아해요? 난 요즘 고르곤졸라가 맛있더라고요."

오사랑은 자연스러운 대화 전개를 위해 소소한 주제를 꺼냈다.

"저도 고르곤졸라 좋아해요. 전 치즈 들어간 음식은 뭐든 좋아해요. 그래서 살이 찌나 봐요."

"녹차가 다이어트에 좋다니까 같이 먹으면 괜찮지 않을까요? 하하! 그나저나, 생소 씨는 남자친구 있어요?"

"네."

"그래! 생소 씨는 귀여운 타입이라 남자친구가 있을 줄 알았어요. 벌써 세 번째 생소 씨와 얘기하는데도 몰랐네. 생소 씨처럼 귀여운 여자친구가 있는 남자친구는 누구래? 몇 살 차이예요?"

"아, 쑥스럽네요. 3살 차이인데, 학생이에요."

"하하, 여름이라 덥긴 하지만, 해가 길어서 퇴근 후에도 데이트할 시간이 길겠어요."

"날이 더운 것도 그렇고, 요새는 피곤해서 자주는 못 만나요."

"그래도 놀 때 나오는 파워를 비축해둬야 하는데, 일하면서 그걸 조절하는 게 쉽지 않죠. 어떤 일이 생소 씨를 가장 피곤하게 하나요?"

"실적이 80콜에서 더 늘지 않아 걱정이에요. 열심히 하는데도 오르는 것 같지가 않아요. 동기들은 잘하고 있는데, 저만 뒤쳐지는 것 같아 고민이고요."

오사랑은 실적에 대한 언급이 한생소에게서 먼저 나온 것에 놀라며 답했다.

"생소 씨~ 콜 실적은 물론 평가에 반영되지만, 그게 전부는 아니에요. 더 중요한 건 생소 씨가 지금 겪고 있는 경험이 꼭 필요한 과정이라는 거죠. 즉 동일한 상담 문의가 들어왔을 때 100% 내 힘으로 상담이 가능한 상태를 만들기 위한 초석이라는 의미예요. 예를 들어, 한 콜이 인입되어 상담을 할 때 생소 씨가 모르는 것이 처리 도중에 확인되었다면, 그때는 완벽하게 그 과정을 이해하고 다음 콜을 받아야 해요. 당장의 몇 콜 때문에 대충 넘어간다면 재문의가 인입되어도 처리할 수 없게 되잖아요. 동기들과의 실적 차이에 대해서는 더 이상 생각하지 말아요. 시간이 지나면 콜 실적은 거의 같아져요. 다만, '그럼 실적은 대체 언제 오르는 거지?' 하는 질문이 떠오른다면 거기에 대해서는 지금 답해줄 수 있어. 콜 실적은 계단식으로 올라요. 생소 씨는 지금 80대에 진입했으니 조금 지나면 90대로 진입하게 될 거예요. 그 시기는 사람마다 대동소이하지만, 열심히 일하면 처리 시간이 나도 모르게 빨라지기 때문에 실적도 어느 순간 늘어나요. 그건 제 말을 믿어도 됩니다."

오사랑은 마지막 말을 마치며 장난기 어린 표정으로 한생소의 손을 잡았다. 그제야 한생소도 한숨을 쉬었다.

"그렇게 말씀해주시니까 마음이 편해졌어요. 고민 많이 했거든요. 자꾸 비교 되니까, 욕심만 커지더라고요."

"도움이 되었다니 다행이네요. 지난번 면담에서 생소 씨 말을 많이 들어주지 못한 게 미안해지는데요. 오늘은 실적 얘기는 빼고 대화하려던 것이 이렇게 됐네요. 남자친구랑 데이트 잘하고 괜찮으면 회식할 때 얼굴 한번 보여줘요."

"신경 써주셔서 감사해요."

"무슨 말씀을요. 그럼, 오늘 근무도 파이팅해요!"

한생소는 조금은 편해진 얼굴에 미소를 띠며 퇴장했다.

오사랑은 같은 실적 면담임에도 지난번과 이번의 차이점을 확연하게 느낄 수 있었다. 지난번 면담에서는 주로 오사랑 자신의 생각을 말한 반면, 이번에는 팀원인 한생소 먼저 본인의 생각을 얘기했다. 이는 오사랑이 친밀감을 형성하려고 노력한 결과였다.

'친밀감 형성이 정말 실적 관리에도 도움이 되는구나!'

오사랑은 흐뭇한 미소를 지었다.

◆ ◆ ◆

코칭 패러다임에서 친밀감 형성이 기본인 것은, 코칭이 결국은 의사소통과 실적관리를 위한 기초이기 때문이다. 사실상 오사랑의 이전 면담들도 이성적인 면에서는 잘못된 부분이 없다. 하지만 관리자라면, 상담사들이 이성보다는 감성으로 대할 때 마음을 더 쉽게 연다는 점을 기억해야 한다. 상담사의 감성도 고객의 감성을 대하듯이 해야 한다. 실제로 필자는 이런 친밀감 형성으로 평균 이직률이 30%를 육박했던 신생 고객센터의 이직률을 10% 내외로 유지할 수 있었다.

Q : 저는 고객센터에서 QAA로 일하고 있습니다. 모니터링 항목에 대한 코칭을 해도 그때뿐이고, 좀처럼 점수가 향상되지 않습니다. 가장 빠른 시간 내에 효과를 볼 수 있는 코칭 방법이 없을까요?

A : 모니터링 평가표(QA)에 대한 코칭은 고객센터에서 가장 많이 하는 교육이라 해도 과언이 아니다. 평가표 체크는 주기적이며 반복적으로 이루어져야 하는데, 신입 관리자의 경우 이를 '밑 빠진 독에 물 붓는 격'이라고 생각할 수 있다. 교육을 진행해도 일정 시간이 지나면 상담사들이 원점으로 돌아오니 관리자로서는 이만큼 의미 없는 일도 없다고 생각하게 되는 것이다.

그렇다면 하물며 상담사는 어떻겠는가? 듣기 좋은 꽃노래도 한두 번이다. QAA의 매번 같은 교육에 질리지 않겠는가? 하는 사람도 즐겁고 듣는 사람도 즐거운 교육이 필요하다. 이런 교육의 예시로 스팟(Spot)성 교육을 추천하고 싶다. 다음의 에피소드를 읽어보면서 더 임팩트 있으면서 간결한 교육에 대해서 생각해볼 수 있을 것이다.

Episode 11   초간단 QA 교육

▶ 등장인물 : 소미소 QAA, Dream Team

소미소 QAA는 최근 이슈가 되고 있는 고객만족도 문제해결 항목의 점수를 높이기 위해 "더 문의하실 사항은 없으십니까?"라는 문제해결 재확인 멘트에 대한 코칭을 실시했다. 하지만 Dream 팀의 경우, 지난주 상담사 별로 두 번씩 코칭을 했음에도 별다른 효과가 없었다. 소미소는 코칭 결과를 정리하며 기운이 빠졌다. Dream 팀의 총원 14명 중 문제해결 재확인 멘트의 향상을 보인 사원은 단 두 명이었다.

'도대체 이유가 뭘까?'

소미소는 Dream 팀의 몇몇 상담사와 면담을 진행했고, 그들의 대답을 통해 희미하게 문제의식을 느낄 수 있었다. 이들의 대답인 즉, 교육은 받았지만 상담 시 멘트 실행에 대한 기억을 계속 유지하기가 쉽지 않다는 것이었다. 어떤 사원은 이 사항을 노트에 적어놓았음에도 상담할 때는 컴퓨터 화면을 보니 전화를 끊고 나서야 노트를 보고 '아차!' 한다고 했다. 소미소는 고민했다.

'어떻게 하면 멘트에 대한 기억을 좀 더 오래 지속시킬 수 있을까?'

고심 끝에 소미소는 '문제해결 재확인'에 대한 재교육 시간을 9시 근무 전에 시행하되, 교육 시간은 3분 정도로 단축시키기로 했다. 교육 시간이 길어지면 집중력이 떨어질 뿐더러, 처음 받는 교육도 아니니 굳이 길게 할 필요가 없을 것 같았다.

"좋은 아침입니다. Dream 팀 반가워요!"

Dream 팀은 삼삼오오 이야기를 나누다가 그치며 소미소에게 인사했다.

"안녕하세요~ 오늘은 간단한 스팟 교육이에요. 교육 시간이 짧으니까 좋죠?"

"네~~!" 소미소는 미리 준비해온 히든카드를 꺼냈다.

"지금 드리는 스티커를 한 장씩 받아주세요."

그간 소미소는 주요 사항을 포스트잇에 적어 컴퓨터 화면에 붙여놓는 사원을 여러 번 보았다. 그리고 거기에 착안해 문제해결 재확인 멘트를 컬러 프린트로 뽑아 코팅해온 것이었다. 뒤에는 친절하게 양면테이프까지 붙어 있었고, 알록달록 눈에 쏙 들어오는 종이도 컴퓨터에 붙이기 좋은 사이즈였다.

"와! 이렇게 보니까 눈에 쏙 들어오네요."

팀원들의 말에 소미소는 흐뭇해하며 교육을 시작했다.

"지난번 교육을 받았던 문제해결 재확인 멘트입니다. 계속해서 기억하기 힘들다고 하시는 분들이 있어서 코팅해왔어요. 기억한다고 생각하지 말고, 외워버리자 생각하면 더 쉬울 것 같아요. 입에 배면 따로 기억할 필요가 없잖아요. 제가 드린 스티커는 컴퓨터 맨 위에 잘 보일 수 있도록 붙여주세요. 자~ 다 같이 세 번만 읽고 교육을 마치겠습니다. 따라해 주세요. 더 문의하실 사항은 없으십니까?"

"더 문의하실 사항은 없으십니까?"

"좀 더 크게 다시 한 번 할게요. 문의하신 내용은 해결되셨습니까?"

"문의하신 내용은 해결되셨습니까?"

Dream 팀의 목소리가 회의실에 우렁차게 울렸다.

"자~ 마지막입니다. 더 크게~ 제 상담에 매우 만족하셨습니까?"

"제 상담에 매우 만족하셨습니까?"

"오늘은 상담하면서 문제해결 재확인 멘트 꼭 기억해주시고, 컴퓨터 화면에는 바로 부착해주시기 바랍니다. 오늘도 수고하세요~!"

결과는 아주 좋았다. 짧은 교육임에도 사원들의 만족도는 높았으며, 근무 전 멘트 연습이 상담사의 기억에 오래 남아 실행률도 높아졌다. 그렇게 스팟 교육을 1회 더 시행하자 그 주의 멘트 실행률은 50%까지 상승했으며, 소미소 QAA는 그 달의 우수 QAA로 포상을 받게 되었다.

◆ ◆ ◆

새로운 교육 방안은 어쩌면 무궁무진할 수도 있다. 자신만의 색깔로 인상적인 스팟 교육을 실시하는 것도 좋은 경험과 자부심이 된다. 단, 그러기 위해서는 QAA의 기존의 교육 방법을 체크해보고 부족한 점을 찾아내는 일이 선행되어야 할 것이다.

3

태도(Attitude)에 대해서는 엄격
해야 한다

상담사의 태도(Attitude)에 대해서는 상담의 질에 직접적으로 영향을 미치며, 어려움을 이겨내고 발전하는 상담사의 내면적 자부심과도 직결된다.

여느 전문직과 마찬가지로 직업을 대하는 태도는 매우 중요한 것이며, 따라서 관리자는 상담사의 태도를 꾸준히 지켜보고 잘한 점을 독려하되 반대로 문제가 있을 시에는 적절히 지적하고 엄격히 수정을 요할 필요가 있다.

Q : 저는 고객센터의 슈퍼바이저로사 팀을 맡게 된 지 얼마 되지 않은 상황입니다. 그런데 한 상담사가 계속해서 지각을 하는데, 아무리 면담을 해도 나아지지 않네요. 그만두게 해야 할까요? 조언 부탁드립니다.

A : 앞서 필자는 관리자는 기본적으로 헬퍼가 되어야 한다고 강조했다. 하지만, 한 가지 예외가 있으니, 바로 태도(Attitude)에 관련된 문제이다. 회사원으로서 지켜야 할 기본적인 사항, 즉 예외를 둘 경우 위계질서가 무너질 만한 항목에서는 엄격함을 유지해야 한다. 신입 관리자의 경우 여기에서 혼란을 느낄 수 있다. '다른 업무에서는 헬퍼로서 팀원들을 부드럽게 대하다가 갑자기 태도를 돌변시키란 말인가?'

단순하게 설명하자면, 항상 친절하거나 항상 무서운 관리자는 좋은 관리자가 될 수 없다. 실제로 고객센터 내에서는 카리스마적 리더십이 주류라는 연구 결과가 있지만, 이 역시도 상황에 따라 조절할 수 있어야 한다. 필자 역시 지난 10년간 관리자를 경험하면서 같은 질문에 대한 답을 찾으며 관리 기법을 구상해왔다.

　이는 일차적으로 '나는 좋은 관리자인가?' 라는 질문에서 시작해야 한다. 즉 자신이 생각하는 좋은 관리자가 상사에게 좋은 관리자(우수한 실적)인지, 상담사에게 좋은 관리자(인정할 수 있는)인지 기준을 명확히 해야 한다. 필자는 스스로의 양심에 비출 때의 'Good Leader'가 진정 좋은 관리자라고 생각한다. 여러분도 각자 좋은 관리자에 대한 자신만의 기준을 정해보자.

　또한 좋은 관리자가 되려면 다양한 관리 기법에 대해서도 항상 고민해야 한다. 다음의 [Episode 12]를 읽어보면서 태도에 대한 또 다른 관리 기법을 구상해보자.

Episode 12　　**아침잠이 부족해!**

▶ 등장인물 : 회초리 슈퍼바이저, 지각남 상담사

회초리 슈퍼바이저는 지난 달 근태 파일을 열어보고 눈이 휘둥그레졌다. 지난 달 지각남의 지각 횟수가 무려 10번이었던 것이다. 사칙에 따라 지각은 1일 급여의 4분의 1이 차감되는데, 이럴 경우는 관리자도 난감했다. 급여에서 10일 지각비까지 차감하면 지각남의 경우 차비나 남을까 싶었다.

지각남은 8개월 차 되는 사원으로 처음에는 지각과 관련해 경고만 주었다. 대부분은 입사한 지 얼마 되지 않아 관리자의 경고를 받으면 크게 긴장하니 코칭이나 면담이 필요 없었다. 하지만 지각남은 달랐다.

"각남 씨~ 고객센터에서 근태를 가장 중시하는 이유는 전체 인입호를 예측해 필요인원을 산정하기 때문이에요. 9시에 근무를 시작하면 그 시간에 필요한 인원이 모두 콜을 받을 수 있는 대기 상태라고 가정하고 인원 산정을 하죠. 때문에 각남 씨의 지각은 그 시간만큼 동료들에게 각남 씨의 업무를 미루는 것과 같습니다. 각남 씨의 지각은 본인만의 문제가 아니에요."

게다가 경고를 넘어 급여며 인원 산정 기준 등 설명할 수 있는 부분은 다했음에도 지각남의 지각은 고쳐지지 않았다.

"자꾸 지각하는 이유가 무엇인지 말해 봐요. 도움이 필요하다면 도와줄게요."

혹시나 개인적인 사유가 있을까 싶어 물었지만 돌아온 대답은 이러했다.

"죄송해요. 제가 어렸을 때부터 아침잠이 많아서요."

"각남 씨! 근태는 회사생활의 기본입니다. 지금 늦잠 때문에 한 달의 반을 지각한다고 말하는 거예요?"

회초리는 할 수 있는 것은 다했다. 아침마다 지각남의 휴대폰 알람이 되어 깨워주기도 했다. 처음에는 효과가 있는 듯했지만, 술을 마신 다음날이면 어김없이 휴대폰 전원이 꺼져 있었다. 그런 날은 당연히 지각이었다.

지각남에게만 근무 전 오전 교육을 실시해보기도 했다. 하지만, 근무 전 관리자 회의나 교육이 있는 경우에는 교육 시간을 낼 수가 없었다. 결국 근무 30분 전 출근 약속만 받은 후 그 교육마저도 그만두었다.

이렇게나 공을 들였지만 지각남은 늦잠을 자다가 뛰어와 회사에서 양치질을 하기도 했다. 회초리의 마음은 타 들어갔다. 계속되는 지각에 대해 다른 방법을 끊임없이 강구했다.

그러던 어느 날 아침 9시 정각! 회초리는 출근 전인 지각남의 자리 앞에 팔짱을 낀 채 부동자세로 서 있었다. 9시 4분이 되어서야 지각남이 헐레벌떡 들어왔다. 회초리가 말없이 응시하자 지각남은 목례하고 자리에 앉았다. 첫 번째 콜이 인입되면서 회초리는 자리로 돌아갔다.

3일차 9시 정각, 회초리는 9층 사무실 엘리베이터 앞에서 그를 기다렸다. 어제 하루 정상 출근하더니 오늘 또 지각이었다. 지각남은 9시 10분이 되서야 엘리베이터에서 내렸다.

엘리베이터 문이 열리면서 회초리가 보이자 지각남은 깜짝 놀랐다. 회초리는 허겁지겁 들어가는 그를 따라 들어갔고, 첫 번째 상담이 시작되자 자리로 돌아갔다. 그리고 첫 번째 콜까지만 체크하고, 지각에 대해서는 언급하지 않았다.

4일차와 5일차, 지각남은 정상 출근했다. 그리고 6일차 9시 정각, 회초리는 회사 입구 1층 엘리베이터 앞에 서 있었다. 그날 지각남은 20분이나 지각했다. 회사 입구에서 여유 있게 들어오다가 이내 회초리를 알아보고는 뛰기 시작했다.

회초리는 말없이 지각남과 엘리베이터를 타고 올라왔다. 그리고는 지각남이 본인의 자리에 앉아 첫 번째 콜이 인입되는 것을 확인하자 자리로 돌아갔다.

7~10일차까지 지각남은 정상 출근했다. 근무 11일차 9시 정각, 회초리는 마음 먹고 회사 앞 버스 정류장에 서서 지각남을 기다렸다. 9시 3분, 회초리 앞에 멈춘 택시 안에서 지각남이 내렸다. 그리고 회초리를 발견하자마자 택시 거스름돈도 받지 않고 뛰다시피 내려 회사 건물

안으로 사라졌다.

이번 달에도 회초리는 지각남에게 지각에 대해서는 한 마디도 하지 않았다. 하지만, 지각남은 근무 11일차를 마지막으로 한 달에 1~2번은 지각했지만, 예전처럼 자주 지각하는 버릇은 사라졌다.

훗날 지각남은 당시를 회상하며, 엘리베이터나 버스정류장에서 회초리를 마주친 날은 경기할 뻔했다며 너스레를 떨었다. 그리고 지각하던 습관을 고쳐준 회초리에게 감사를 표했다.

◆ ◆ ◆

이 에피소드는 두 가지 질문을 던지고 있다.

첫째, 사원의 성향에 따라 태도에 대한 면담, 코칭 외에도 새로운 관리 방안을 모색할 수 있는가?

둘째, 태도 관련 코칭에서 나만의 관리 방안을 만들기 위해 리더로서 노력과 시도를 겸하고 있는가?

우리는 회사에서 생활하면서 기본적으로 지켜야 할 규칙을 가지고 있다. 특히, 이것에 대해 엄격해야 하는 가장 큰 이유는 조직의 기강이 무너질 수 있다는 점이다.

지각남에게만 특혜를 준다면 다른 사원들이 반발하지 않겠는가? 이런 이유로 태도에 대한 관리는 더욱 엄격해야 한다.

4

실적 관리 기법은?

조직 관리와 실적은 매우 긴밀하게 연관된다. 실적이라는 결과물을 배제하면 사실상 관리의 존재 이유도 사라지기 때문이다. 어느 조직에나 실적으로 인해 문제가 생기는 순간이 있다. 그럴 시 관리자는 다방면의 실적관리를 통해 하위권 상담사의 실적 상승에 도움을 주고, 동시에 일정 수준 이상의 실적을 올릴 수 있는 방법을 고안해야 한다. 다음의 질문과 답을 살펴보자.

Q : 제 팀에 실적이 낮은 사원이 있습니다. 아무리 교육과 코칭을 진행해도 결과가 나아지지 않네요. 하위 10% 미만의 실적이 매달 반복되고 있는데, 이런 사원도 계속적으로 실적관리를 해야 할까요? 이 사원 한 명이 다른 팀원 전체보다도 힘듭니다. 조언을 부탁드립니다.

A : 보통 실적이 상위 10% 내외였던 상담사가 관리자가 된다. 그러니, 관리자가 실적이 낮은 사원을 이해하지 못하는 것은 어쩌면 당연할 수도 있겠다. 쉽게 말해, 왜 그러는지 이해가 안 되는 것이다. 때문에 실적이 지나치게 떨어지는 상담사를 보면 그만뒀으면 하는 생각을 가지기도 하는데, 이런 생각은 신입 관리자가 쉽게 저지르는 큰 실수 중에 하나이다. 하위 10%의 상담사들이 이직하면 다른 하위 10%가 생긴다는 것을 기억해야 한다.

어떤 조직에서건 실적 상위자가 있다면, 반드시 실적 하위자가 존재한다. 여기서 초점은 이 사원의 실적이 아니라, '실적 이외에도 포기해야 할 이유가 있는가?'에 맞춰져야 한다. 예를 들어 태도가 좋지 않아 조직의 기강을 해치거나, 다른 사원에게 피해를 끼치는 등 심각한 문제가 동반된다면 그 사원을 포기할 수 있다. 하지만, 그저 실적이 문제라면 절대 포기해서는 안 된다. 또한 혹시라도 그를 마음속으로 포기한다면, 관리자가 말하지 않아도 상대가 그것을 느낄 수 있다는 점 또한 명심하자.

첫 번째로 해야 할 일은, 실적으로 안 된다면 그의 다른 장점을 찾아보는 것이다. 다음의 에피소드를 읽으면서 우리 팀의 하위 상담사는 어떤 장점을 가지고 있는지 생각해보도록 하자.

Episode 13   나는 멋쟁이 상담사!

▶ 등장인물 : 평범한 슈퍼바이저, 멋쟁이 상담사

"좋은 아침입니다. 오늘 의상은 세련미가 넘치는데요?"
출근하는 평범한 슈퍼바이저에게 반갑게 인사하는 멋쟁이 상담사,

그녀는 이 팀의 분위기 메이커다. 문제는 그 발랄함이 근무 시간에는 지속되지 못한다는 점이다. 열심히 해보자고 독려하는 평범한에게 적극적으로 호응은 하지만, 결과는 턱없이 부족했다. QA가 부족해 코칭하면 CSI 점수가 낮게 나오고, CSI를 코칭하면 CPD가 낮고, 직무시험은 말할 것도 없었다. 두 달에 한번은 조퇴나 결근이 발생했고, 2주일에 한번은 클레임으로 눈물을 보였으며, 1주일에 한번은 클레임을 유발했다. 건강도 좋지 않아 이틀에 한 번은 배탈이 났고, 한 달에 한 번은 퇴사하겠다고 했다. 이런 이유로 평범한은 멋쟁이에게는 5명 이상을 관리하는 에너지를 쏟아야만 했다.

평범한은 하루에 두 번 이상 멋쟁이의 콜을 실시간으로 모니터링했다. 상담 기복이 심한 날은 QAA에게 코칭을 요청하거나, 평범한이 잠시 면담하기도 했다. 오늘도 평범한은 멋쟁이의 콜을 듣기 위해 헤드셋을 들었다.

"예! 예~ 그러시다고요."

멋쟁이의 딱딱한 목소리가 들렸다. 멋쟁이는 대체적으로 이해가 부족한 나이가 많은 고객을 응대하고 있었다. 평범한은 'QA 교육 요청자 명단'에 멋쟁이의 이름을 적어 넣고, 추가로 '긴급교육요청'이라고 덧붙였다. 잠시 후, 다른 사원의 콜을 듣고 있던 평범한에게 멋쟁이의 쪽지가 전해졌다.

'클레임 콜 받아서 그런데, 잠시 쉬고 올게요.'

평범한은 멋쟁이의 직전 콜 녹취를 들어보았다. 처음에는 평범했지만 중반을 넘어서자 고객은 한숨을 쉬며 말하는 멋쟁이에게 화를 내기 시작했다. 결국 QAA 교육 시간까지도 기다리지 못하고 클레임을 유발시킨 것이다.

하지만, 멋쟁이에게는 이런 모든 단점을 극복할 만한 장점도 있었다. 멋쟁이는 긍정적인 마인드의 소유자로서 권태기가 찾아온 사원이 있으면 오히려 독려해줬다. 또한, 힘들어하는 신입사원이 생기면 평범한에게 언질을 주어 도움을 줄 수 있도록 했다. 또한 고객 문의 중 특이사항이 인입되면 꼼꼼하게 체크해 알려주었고, 서먹서먹한 기존 사원들을 자연스럽게 어울릴 수 있게 하는 능력도 있었다.

평범한은 그녀의 이런 장점들을 부각시켜 작은 미션을 줬다. 팀의 회식 날짜를 잡고, 그날의 점심메뉴를 고르고, 오전 미팅이 없는 날은 근무 전에 티타임을 유도하도록 한 것이다. 역시나 멋쟁이는 작은 미션이지만 책임감을 가지고 진행했고, 그 이후부터 근태나 실적에 대해서도 보다 책임감을 가지려고 노력했다.

또한, 평범한은 멋쟁이의 근태를 최소화하기 위해 멋쟁이가 배탈이 나면 곧바로 병원 진료를 보냈고, QA는 매일 2번 이상 체크했다. 직무지식은 1주일에 한 번씩 체크했으며, 클레임을 유발할 때마다 마인드컨트롤 코칭을 진행했다. 퇴사하겠다고 하면 직업경로개척과 동기부여에 대한 면담을 진행했다.

이렇듯 멋쟁이에게 큰 시간과 노력을 쏟으면서도 평범한은 고민이었다. 관리자가 포기하면 멋쟁이는 언제든 퇴사할 것 같았다.

그리고 그 예상은 맞아들었다. 어느 날 슈퍼바이저가 변경되자, 얼마 안 가 멋쟁이는 울면서 퇴사했다.

◆ ◆ ◆

이 에피소드는 우리에게 다음의 세 가지 질문을 던지고 있다. 실적 하위 10%의 상담사에 대해서 실적관리는 어떻게 해야 하는가? 실적 이외에 상담사의 성향에 따라 장점을 부각시키는 방법에는 어떤 것이 있는가? 나는 실적 하위 10%의 상담사에 대해서 관리를 포기한 적이 있는가?

위의 에피소드는 실적 하위 사원도 계속적으로 실적을 관리해야 한다는 점을 보여준다. 즉 부족하다고만 느꼈던 그의 장점을 찾아 미션을 부여하는 것도 하나의 실적 관리인 셈이다. 실적이 낮은 것만으로도 상담사는 위축이 될 수 있다. 그런 상담사에게 미션을 부여하게 되면 책임감을 느끼며 달라지는 모습을 볼 수 있을 것이다. 실적 하위 상담사에게 업무에 관련된 미션을 부여하는 에피소드를 하나 더 소개하겠다. 에피소드를 읽으며 다른 관리 방안도 모색해보자.

Episode 14　　누구나 즐길 수 있는 직무 공부 방법!

▶ 등장인물 : 공부해 슈퍼바이저, 시른대 상담사, 성적짱 팀

　성적짱 팀의 최근 3개월 직무성적을 살피던 공부해 슈퍼바이저는 시른대 상담사의 직무성적이 다른 사원과 격차가 크다는 점을 발견했다. 시른대의 직무성적은 거의 전체 꼴찌였다.

　공부해는 시른대의 성적을 올려보려고 갖은 방법을 썼다. 퇴근 후 공부도 시켜봤고, 직접 문제로 모의시험도 시행했다. 방법에 따라 약간의 차이는 있었지만, 결과는 모두 지속적이지 못했다. 그야말로 상담사가 공부하는 것이 아니라 관리자가 공부하는 격이 되었다. 공부해는 고민에 빠졌다.

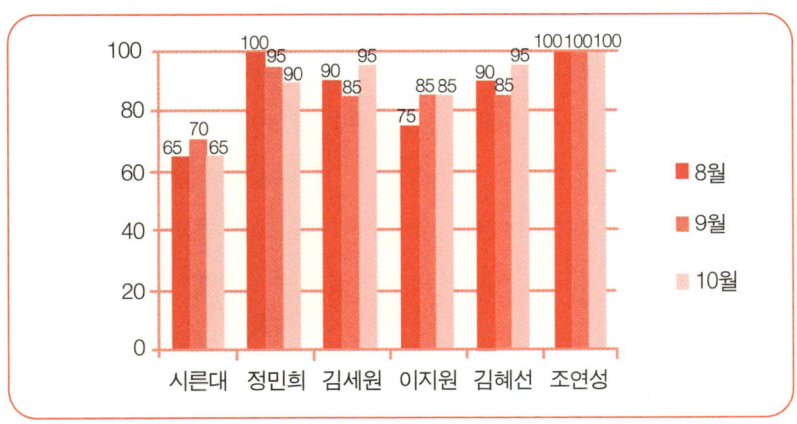

성적짱 Team 3개월 성적 추이

범례: 8월 / 9월 / 10월

'사원 스스로 공부하게 하는 방법은 없을까?'

퇴근 전, 공부해는 팀원들에게 공지를 내렸다.

"오늘도 수고 많으셨습니다. 내일은 근무 30분 전에 직무교육을 시행하겠습니다. 직무교육은 여러분이 주도하는 방식으로 진행하겠습니다. 랜덤하게 돌아가면서 발표해 팀원들에게 전달하는 방식으로 진행하겠으니 내용을 숙지해 오시기 바랍니다. 내일 뵙겠습니다."

다음날 아침, 배포된 직무자료를 팀원이 돌아가면서 읽기 시작했다. 간단해 보이지만, 팀원 앞에서 발표할 기회가 많지 않은 사원들로서는 나름 긴장한 눈치였다.

"다음 장은 시른대 씨가 발표해볼까요?"

시른대는 당황하지 않고 천천히 읽어나갔다.

"○○ 이벤트는 4월 19일부터 5월 19일까지 한 달 동안 시행되며, 이벤트에 대한 문의는 02-008-00**로 하시면 됩니다. 다음은….'"

부족한 부분은 있었지만, 그래도 직무 내용을 숙지해온 것 같았다.

"시른대 씨! 잘해주셨어요. 제가 몇 가지 보충하도록 하겠습니다. ○○ 이벤트는 명의자 본인에 한해서만 신청이 가능합니다. 이 점은 고객 필수항목이므로 잊지 마시고요."

직무교육이 마무리되고, 오후에 공부해는 시른대와 면담을 진행했다.

"시른대 씨! 오전에 직무교육 잘하던데요. 준비 많이 했어요?"

"다들 돌아가면서 시킨다고 하시기에 잘 읽어왔어요."

공부해가 임시 테스트를 시행해도 공부하지 않던 시른대로서는 큰 변화였다.

"오늘 잘하던데, 부족한 부분이 있다면 제가 보충설명을 하니 부담이 크진 않을 거예요. 앞으로는 시른대 씨에게 직무교육을 맡겨볼까 해요."

"네? 제가요? 직무성적이 안 좋은데, 어떻게 직무교육을 맡아요?"

"팀 구성원이 돌아가면서 직무교육을 해보면 어떨까 생각하고 있어요. 전적으로 맡는 것이 아니라, 일단 시른대 씨부터 시작한다고 생각해줘요. 직무 공부도 중요하지만, 발표하는 것도 경험을 쌓아두면 좋죠. 또 같은 자료를 읽어도 다르게 이해하는 사람이 있으니 다 같이 숙지하는 것도 나쁘지 않죠. 시른대 씨가 진행하다가 어느 정도 익숙해지면, 다른 사원에게도 기회를 줘야 하니까 그때 담당자를 바꾸도록 하죠. 괜찮겠죠?"

시른대는 잠시 망설이는 눈빛이었지만 이내 고개를 끄덕였다. 그 뒤로 시른대는 직무교육을 진행했고, 공부해의 계속되는 칭찬과 직무성적의 향상으로 자신감을 되찾았다. 한 달 뒤, 직무교육 담당자는 변경되었지만, 시른대는 더 이상 직무 꼴찌가 아니었다.

◆ ◆ ◆

이 에피소드는 다음의 두 질문과 깊은 연관이 있다.

- 상담사를 대할 때 실적에 대한 고정관념을 버리도록 노력하자.
- 고정관념을 버리고 바라보면 그 사원의 장점이 보일 것이다.

시른대 상담사의 에피소드는 실적 하위자뿐만 아니라 모든 상담사에게 적용 가능하다. 특히 승진 기회가 적은 고객센터에서 이를 잘 활용하면, 해당 상담사는 스스로를 팀 안의 작은 리더라고 생각해 책임감을 느끼게 되고, 이 책임감이 긍정적인 힘을 발휘시킬 수 있게 된다.

6

전문 관리자
과정 마스터하기
(13개월 ~)

1

실적분석은 왜 필요할까?

모든 실적은 그저 결과적인 데이터로서만 가치가 있는 것이 아니다. 실적 안에는 미처 수치화되지 못한 다양한 가능성들이 숨어 있기 때문이다. 이를테면 해당 상담사가 어떤 어려움을 느끼는지, 어떤 부분을 보완해야 하는지 등을 살펴 약점을 보완할 수 있게 된다. 다음의 질문과 답을 통해 실적관리의 중요성을 살펴보자.

Q : 고객센터 3년차 슈퍼바이저입니다. 상사가 상담사 실적분석을 요구하는데, 다른 일로도 바쁜 와중에 왜 실적분석이 필요한지 이해가 되지 않습니다. 실적분석, 꼭 필요한 업무인가요?

A : 실적분석은 체계적인 운영관리를 위해 필수적이다. 그럼에도 분석은 운영지원팀의 통계에 맡기고 중간관리자는 운영만 관리하는 경우가 대부분이다. 하지만 필자는 이에 대해 '실적도 분석하지 않고, 어떻게 중요지표를 관리할 것인가?' 라는 의구심이 든다. 중간관리자가 직접 실적을 분석하지 않을 때 생기는 빈틈에 대한 예시를 하나 들어보겠다. 바로 '평균(Mean)[15]의 함정' 이다.

---

15 어떤 과정 하에서 많은 수나 같은 종류의 양의 중간치를 갖는 수

자, 여기에 A, B라는 실적 우수사원들이 있다. 월 평균 생산성이 A는 160, B는 150으로 팀에서 1, 2위를 다투었다. 하지만, 주 단위 (weekly)로 나온 데이터는 달랐다. 알고 보니 이 두 상담원은 월초에 많은 콜을 받아 놓고, 월말에는 본인 실적 순위를 살피며 실적을 조정하고 있었다.

표 9 A, B의 Weekly 실적

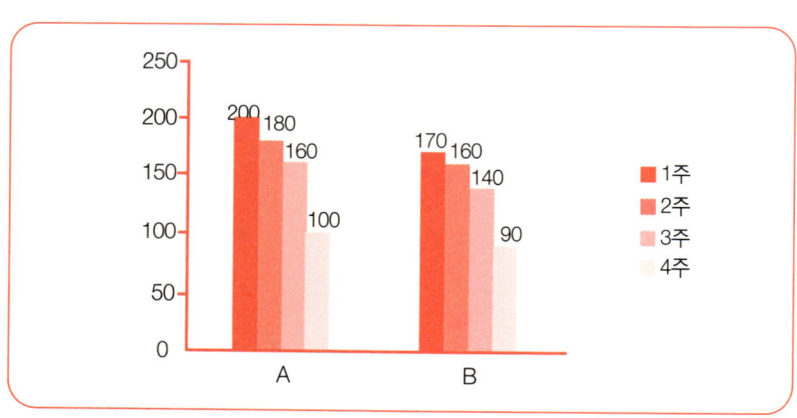

평균의 함정 이외에도, 실적분석은 상담사에게 일어나는 변화를 감지할 수 있다는 점에서도 용이하다.

필자는 이 실적자료를 이직률 관리에 적용시킨 바 있다. 먼저, 상담사의 입장에서 기재한 실적분석 에피소드를 살피면서 실적과 이직률의 연관성에 대해 생각해보도록 하자.

Episode 15   실적면담 : CSR Version

▶ 등장인물 : 오경직 슈퍼바이저, 이소심 상담사(근속 6개월)

신입사원인 이소심은 내성적인 성격으로 작은 일에도 상처를 잘 받는 스타일이라 상담사라는 직업을 배로 힘들게 느끼곤 했다. 고객에게 하루에 몇 번씩 욕을 먹는가 하면, '내가 왜 그런 말을 들어야 하지?' 수십 번씩 고민해봤지만 답을 찾지 못했다.

이소심은 고객센터 입사 전에는 애견센터에서 근무했다. 종일 서서 강아지나 고양이의 털을 자르는 일은 생각보다 로맨틱하지 못했다. 퇴근 무렵이 되면 발바닥은 불붙은 것 같았고 다리는 퉁퉁 부어올랐다.

결국 체력적으로 너무 힘들어 앉아서 하는 일을 해보고 싶던 차에 마침 구인란에 고객센터 상담사 모집 공고를 보고 지원하게 되었다. 처음에는 또래 친구도 많고 앉아서 근무하는 것이 좋았다. 그러나 그것도 잠시, 클레임이 힘들었다. 고객의 목소리가 커지면 스스로가 작아지는 느낌이 들었고, 어느 날부터는 회사 가는 길이 지옥처럼 느껴지기 시작했다.

그러던 어느 날, 오경직 슈퍼바이저가 이소심을 불렀다. 그녀는 센터에서 유명한 카리스마 넘치는 관리자였다.

"소심 씨~ 왔어요? 여기에 앉아요. 요새 상담하기는 괜찮아요?"

당황스러웠다. 평소 인사만 하는 슈퍼바이저가 이런 질문을 던지니 입이 열리지 않았다.

"네…."

"그렇군요. 근무 시작한 지 6개월 밖에 안 됐는데 적응을 잘하는 것 같으니 다행이네요. 오늘은 소심 씨랑 실적 체크 한번 해보려고 불렀어요. 이 그래프가 소심 씨의 근속별 콜 실적이에요. 가까이 와서 봐요."

표 10 이소심 사원의 최근 6개월 실적

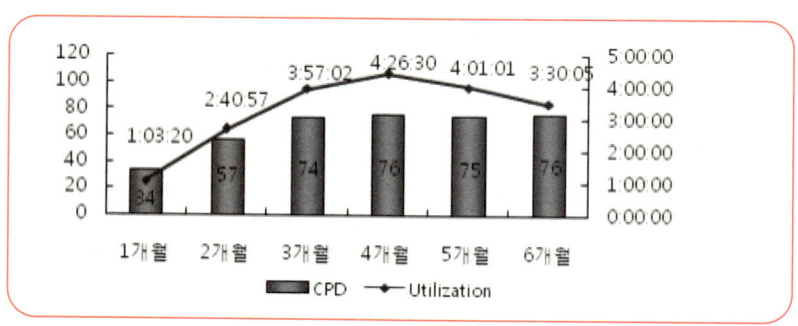

오경직은 이소심이 컴퓨터 화면을 볼 수 있도록 해주었다. 3개월까지는 콜 실적이 올라갔지만, 4개월부터는 그래프 높이에 큰 변동이 없었다. 그리고 알 수 없는 선 그래프가 4개월까지 올라가다가 5개월부터 하향선을 그리고 있었다. 이소심이 아리송한 얼굴로 바라보자 오경직이 답했다.

"자, 이 막대그래프가 콜 실적이고, 이 선 그래프는 총상담비율이에요. 소심 씨가 하루에 고객과 통화한 시간을 합쳐서 표기한 거지요. 어때요? 실적표가 이해하기에 괜찮은가요?"

"네…."

표 11 근속개월 1년 미만 사원의 2월 실적

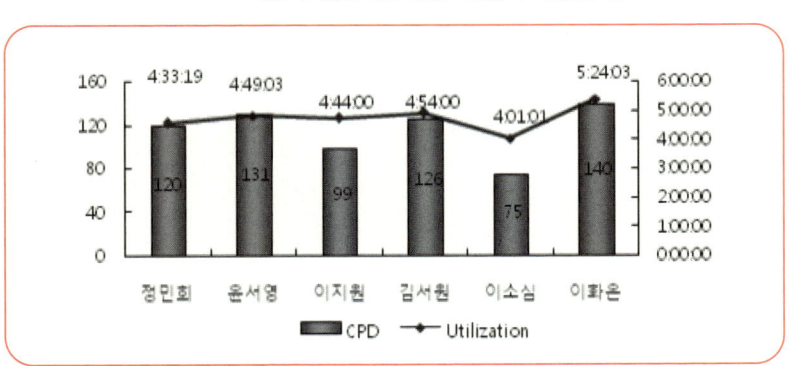

"그리고 이건 팀원 중 근속 1년 미만 사원의 지난달 콜 실적이에요."

그래프의 의미를 알아차린 이소심은 얼굴이 붉어졌다.

"소심 씨가 못하고 있다는 게 아니에요. 누구나 적응하는 데 시간이 필요하고, 소심 씨는 좀 더 시간이 필요한 거라고 생각하면 돼요. 다만, 상담 시간에 비해 콜 수가 적으니까, 평균통화시간을 줄이는 것을 목표로 하죠. 간결한 상담에 집중하면 실적 향상에 도움이 될 거예요."

이소심은 조용히 고개를 끄덕였다.

"평균통화시간 관련해서 앞으로 QA팀에서 교육을 진행할 예정이니까 그 외에 받아보고 싶은 교육이 있으면 어려워 말고 말해줘요. 다음 면담에서는 평균통화시간이 얼마나 줄었는지 볼 거예요."

오경직은 살짝 눈 꼬리에 힘을 주며 말했다.

사실 이소심은 얼마 전부터 근무 중에 가슴이 두근거리는 증상이 생겼다. 고객들의 전화가 무서웠고, 그러다 보니 일하기 싫어지는 것이 당연했다. 오경직에게 도움을 요청할까 싶었지만, 실적을 들이미는 오경직에게는 이런 심리적 부담감을 말할 수가 없었다.

이후, QAA의 평균통화시간에 대한 코칭이 2~3번 진행되었지만 고객 문의에 헤매고 있는 그녀의 상태는 하루아침에 나아지지 않았다. 결국 며칠 지나 이소심은 퇴사하기에 이르렀다. 과연 그런 그녀를 도와줄 방법이 정말로 없었던 걸까?

과연 CPD와 총상담비율[16](Utilization)로 직원의 이직을 예측할 수는 없었던 걸까?

이 에피소드에서 오경직 팀장이 놓친 것은 무엇일까?

바로 [표10]이다. CPD는 콜 실적, 총상담비율은 고객과 통화한 총 통화시간을 의미한다. 이 두 항목을 같이 보는 이유는 CPD는 KPI의 생산성과, 총통화시간은 상담사의 노동 강도와 연결되어 있기 때문이다. 또한 총통화시간이 너무 길면 평균통화시간(ATT)을 관리해야 하는 사원일 수도 있으므로 이 두 항목은 항상 같이 분석해야 한다.

신입사원의 경우 특히 총상담비율을 주의 깊게 봐야 한다. 앞에서 언급한 것처럼 신입사원의 콜은 잔여업무처리 시간과 통화 시간으로 이루어진다. 여기서 휴식시간은 모두 동일하다는 가정 아래 고려하지 않으며, 따라서 다음과 같은 공식으로 정리된다.

$$총콜 = 1\ Call + AWT + 1\ Call + AWT + 1\ Call + AWT$$

---

16 총상담비율(Utilization): 상담사의 총 근무시간/상담사가 고객과 통화한 총 시간. 고객센터마다 사용 용어에 차이가 있어 총상담비율, 순수상담비율 등으로 표현하기도 함

신입사원의 경우, CPD는 본인의 AWT를 관리하는 능력에 따라 차이가 발생할 수 있지만 총상담비율은 CPD가 어느 정도 수준으로 올라갈 때까지 지속적으로 증가하는 것이 보통이다. 하지만 이소심의 경우 총상담비율이 5개월 차부터 감소하고 있다.

총상담비율의 감소는 업무적으로 적응이 어렵거나, 이직에 대해 고려하고 있거나, 개인적으로 고민이 있는 등 안정적인 상황이 아닐 때 나타난다. 회사에서 일은 하고 있지만, 업무에 대해 적극적인 상태가 아니라는 얘기다.

이 경우, 오경직이 이소심에게 친밀감을 형성한 상태였다면 아마 이소심은 면담에서 자신의 고민을 말했을 것이다. 앞서 언급한 '코칭의 패러다임'에서 친밀감 형성을 다시 한 번 떠올려보자! 의사소통이 되지 않은 상태에서의 실적관리는 말 그대로 피드백(feedback)일 뿐이다.

이제 우리는 실적분석 및 관리란 상담사의 생산성을 향상시키기 위한 수단이 아니라 관리자로서 면담이나 코칭을 통해 알 수 없는 빈틈을 채우는 작업임을 다시금 상기해야 한다.

이것이야말로 관리자가 스스로 해야 하는 기본 업무이다.

[Episode 15]는 상담사 버전이라면, 오경직 슈퍼바이저의 버전은 이직률 관리에서 다시 설명하도록 하겠다.

2

고객센터에서 사용하는
용어를 살펴보자

앞서 우리는 고객센터가 여러 다른 이름으로 불린다는 사실을 살펴보았다. 마찬가지로 고객센터에서 사용하는 기술적 용어들도 통일되어 있지 않은 경우가 많다. 이 부분은 차후 협력하여 정리하는 일이 필요할 것이다. 이번 질문과 답에서는 고객센터에서 사용되는 기본적 용어들을 살펴보도록 하겠다.

Q : 관리자 회의를 매번 하는데, 용어들이 어렵습니다. 대략적인 의미는 아는데 정확하게 알지 못하는 것들이 있습니다. 고객센터에서 사용하는 용어에 대해 알려주세요.

A : 먼저 고객센터라는 대표 용어조차도 콜센터 등으로 사용되고 있는 것처럼, 국내 고객센터 내에서 업무에 사용되고 있는 용어도 센터별로 천차만별이라는 점을 말하고 싶다. 이 때문에 COPC[17] 인증에서 사용되고 있는 용어를 정리해보았으니, 이 책의 부록 214쪽을 참고하도록 하자.

---

17 COPC : Customer Operations Performance Center의 약자로 고객센터 및 벤더관리운영 인증 전문기관 (http://www.copc.com/).

3

실적분석표를 만들고 활용해보자

실적분석은 실행에 의미가 있는 것이 아니라 잘 활용할 때 가치가 있다. 실적분석을 제대로 활용하면 중요한 패턴들을 발견해 해결책을 도모할 수 있다. 특히 슈퍼바이저와 같은 관리자들은 실적분석을 통해 얻을 수 있는 이점이 많은 만큼 실적분석을 표로 만들어 활용하는 방법을 숙지할 필요가 있을 것이다.

Q : 고객센터에서 슈퍼바이저 업무를 하고 있습니다. 다음 주까지 실적분석표를 작성해서 제출하라고 하는데 난감합니다. 분석은 어떻게 하는지 아시는 분들, 양식이 있으신 분들은 공유 부탁드립니다.

A : 이번에는 보고서에 대해 살펴보겠다. 슈퍼바이저나 QAA의 실적 분석은 SUM(합계)이나 AVERAGE(평균) 정도면 충분하다. '이것만 해도 된다니 분석이 너무 쉬운 거 아니야?' 라고 생각할 수도 있지만, 앞서 용어 정리에서 살펴본 것처럼 고객센터에서 관리하는 지수는 한둘이 아니다. 이것들만 평균 주간(Weekly) 보고서로 관리하는 것도 쉽지 않다.

실적은 현란한 분석보다는 꾸준히 지속적으로 관리하는 것이 중요하다. 지속적으로 관리하면, 유사한 패턴에서 유사한 결과가 나타난다는 것을 알게 된다. 위에서 예시한 [Episode 15]의 경우가 그렇다.

분석 보고서의 양식은 정해진 것은 없다. 최대한 간단 명료하게 작성하는 것이 좋다. 또한 고객센터 특성에 따라 평가 항목이 다를 수 있는 만큼, 이 책에서 제시하는 보고서는 하나의 예로만 참고하고 자신만의 보고서를 만들어보도록 하자. 보고서를 작성하면서 궁금하거나 질문사항이 있다면 이메일(home6678@naver.com)로 문의하시기 바란다.

표 12 생산성 분석 보고서

생산성분석 (9월)

1. KPI

평가항목	배점	목표	실적	달성율	달성점수
실산성	30	95%	95.0	100.0%	21.0
은퇴율	5	95%	2.4%	2.6%	4.6
이직율	15	10%	0.0%	111.1%	16.0
응대율	30	95%	0.0%	0.0%	92.0
OA점수	20	82%	82.0%	100.0%	20.0
총점	100				92.5

2. 상담 6실

평가항목	배점	목표	실적	달성율	달성점수
실산성	50	105		0.0%	
은퇴율	5	95%		0.0%	
이직율	15	10%		0.0%	
응대율	50			0.0%	
OA점수	20	77%		0.0%	
합계	100				

3. 요원근황

날짜	9/3 월	9/4 화	9/5 수	9/6 목	9/7 금	9/10 월	9/11 화	9/12 수	9/13 목	9/14 금	9/17 월	9/18 화	9/19 수	9/20 목	평균
숙면	7.0	7.0	7.0	7.0	7.0										
요가/발산	-	1.0	-	-	-										
무급	-	-	-	1.0	-										
근무	7.0	8.0	7.0	8.0	7.0										

4. 주별 효력

요일	CPD					ATT					In-Utilization				
	1주	2주	3주	4주	평균	1주	2주	3주	4주	평균	1주	2주	3주	4주	평균
오크릭	148	0	0	0		0:01:38					30.4%				
하우로	107	0	0	0		0:02:54					64.9%				
글로히	94	0	0	0		0:03:30					68.7%				
부요히	97	0	0	0		0:02:48					50.8%				
이소리	100	0	0	0		0:02:51					59.8%				
남도로	115	0	0	0		0:01:57					48.7%				
도크히	122	0	0	0		0:01:45					44.4%				
합계	112					0:02:29					55.9%				

※ 검게기동 : WFM Analyst의 도통계 >> 그룹별 도통계 >> IDC그룹 남도통계

5. 주단위 효력 GAP

요일	CPD					ATT					In-Utilization				
	4주-1주	1주-2주	2주-3주	3주-4주	평균	4주-1주	1주-2주	2주-3주	3주-4주	평균	4주-1주	1주-2주	2주-3주	3주-4주	평균
오크릭															
하우로															
글로히															
부요히															
이소리															
남도로															
도크히															
합계															

Q : QAA로 근무하고 있는데, 실적분석을 왜 매번 해야 하는지 이해가 되지 않습니다. 상사를 위한 보고서에 이렇게 많은 시간을 할애해야 하는지 납득이 되지 않네요. 작성 후 쳐다보지도 않을 보고서를 굳이 작성해야 할까요?

A : 흔히 보고서를 매니저에게 보고용으로 작성한다고 생각하는 관리자가 있는데, 실적분석은 관리자가 현업에서 사용하기 위한 것이다. 즉 자신이 만든 보고서를 스스로 잘 활용할 줄 알아야 의미가 있다. 보고서를 현업에 적용하는 가장 일반적인 방법으로는 PDCA가 있다.

첫째는 'Plan' 이다. 이 부분에서는 지난 실적을 분석함으로써 목표와 구체적인 실행을 계획한다. 두 번째 'Do' 에서는 'Plan' 에서 계획한 구체적인 실행을 진행한다. 세 번째 'Check' 에서는 'Do' 에서 진행한 것에 대해 평가와 결과를 확인한다.

마지막으로 'Action' 에서는 'Check' 에서 확인된 결과에 대한 코칭 및 피드백을 진행하고, 그 다음에 잡아야 할 'Plan' 을 위해 개선점을 도출한다.

이 과정을 좀 더 쉽게 정리하면 [표13]과 같다. PDCA는 수레바퀴와 같아 따로 분리된 것이 아니라 이어지는 하나의 연결고리와 같다. 또한 실적분석표는 'Check' 와 'Action' 에 속하므로 꼭 필요한 것이다.

항 목	과 정	상 세 과 정
PLAN	목표수립 현황파악 실행계획	CAD, ATT, Utilization 모니터링, QA Coaching 스케줄 조율 및 관리
DO	Plan실행 Coaching 및 평가 진행	원인에 대한 Coaching
CHECK	평가 및 결과 확인	직무교육 및 Test 통화품질 교육 및 QA평가
ACTION	Check에 대한 F/B	상담사별 구체적인 F/B 결과에 대한 개선점 도출

다음의 에피소드를 읽어보면 슈퍼바이저와 QAA의 입장에서 PDCA를 바탕으로 업무 계획을 세울 수 있을 것이다.

Episode 16   PDCA

▶ 등장인물 : 금성실 QAA, 나친절 상담원, 최하위 상담원

금성실 QAA는 일정 메모에 집중하고 있었다. 지난주부터 미뤄진 하위 실적 상담사에 대한 개별 코칭을 이번 주까지는 마무리해야 하기 때문이다. 그녀는 명단을 보고 나친절 상담사부터 시작해야겠다고 마음먹었다.

나친절은 상냥하고 친절하지만 설명이 장황해 평균통화시간이 긴 편이었다. 그녀에게는 필수적으로 안내해야 할 항목을 인지시켜 간결한 상담을 할 수 있도록 교육을 진행할 예정이었는데, 이 부분은 고객 문의에서 필수적으로 안내되어야 하는 항목 범위에 대한 교육으로서 직무교육에 포함되는 셈이었다.

문제는 나친절 상담사가 상담 시 이 필수 안내 항목 외에도 부수적으로 더 많은 설명을 하고 있다는 데 있었다. 이에 대해 금성실은 일단 오늘, 그녀에게 1:1 직무교육을 진행한 이후 녹취를 들으며 체크하는 방법을 진행하기로 했다. 그런 뒤 녹취콜에 대한 코칭을 +1일, +3일에 진행한 후, +5일에는 나친절 스스로 녹취를 평가하면 메일로 피드백을 진행하기로 했다.

또한 여러 번의 코칭에도 불구하고 딱딱한 음성으로 QA의 친절도 항목에서 낮은 점수를 받고 있는 최하위 상담원에게도 교육이 필요했다. 금성실은 비교적 목소리가 높아 말투가 신경질적으로 들리는 그녀와 함께, 저음을 가진 상담사 중에서도 친절도 항목에서 높은 점수를 받고 있는 상담사의 녹취를 같이 들어보고 토론해보는 시간을 갖기로 했다. 그런 뒤 +3일에는 최하위 상담사의 콜을 직접 함께 들으면서 코칭하고, +5일에는 메일로 피드백을 진행하기로 했다.

◆ ◆ ◆

실적분석표는 존재만 하는 것만으로는 쓸모가 없다. 즉 이것을 활용해 얼마나 상담원들의 코칭 방향을 잘 잡아내는가가 중요하다. 위의 금성실 QQA는 두 상담원의 실적분석을 직접 코칭에 적용함으로서 적절한 실적분석 활용한 사례이다. 에피소드 16을 활용해 나만의 PDCA를 작성해 보자.

4

어려운 업그레이드 코칭
(Upgrade Coaching) 기법

때로는 실적분석표를 제대로 활용하는 것만으로는 부족할 수도 있다. 그저 잘못된 방향을 잡아주고 개선시키는 것만으로는 상담사들의 본질적 변화까지 이끌어내기 쉽지 않기 때문이다. 이는 앞서도 여러 번 강조했듯이 실무적 지적・개선과 동시에 상대의 마음을 다독이고 소통하는 관계적 기술이 필요한 순간이다. 다음 질문과 답을 보자.

Q : 고객센터 QAA로 근무하고 있습니다. 저의 경우 업무 중에 가장 어려운 부분이 코칭인 것 같습니다. 실적은 좋은데, 개인주의적인 성향으로 팀원들에게 반감을 사는 직원들이 있습니다. 다른 직원들과 다투는 일이 잦은데 어떻게 해야 할지 모르겠네요. 팀을 변경해야 하는지, 그 외에 다른 좋은 방법이 있다면 알려주세요.

A : 부정적인 마인드를 가진 상담사의 마음까지 돌릴 수 있다면, 비로소 당신은 매니저가 될 준비가 된 것이다. 그만큼 이 부분은 관리자의 역할 중에서 가장 어려운 부분이라고 볼 수 있다. 모든 코칭이나 면담의 기본은 앞서 설명한 '코칭의 패러다임'을 생각하면서 진행하면 훨씬 쉽게 답을 얻을 수 있다. 친밀감만 잘 형성되면, 해당 상담사가 어떤 이유로 부정적인 마인드를 가지게 되었는지 마음의 본질을 알 수 있기 때문이다.

다음의 에피소드는 고난이도의 코칭 스킬인 부정적인 마인드의 상담사 코칭 예시를 든 것이다. 꼼꼼히 읽으면서 '만일 내가 저 슈퍼바이저 상황이었다면 어떻게 해결했을까?' 구상해보도록 하자.

Episode 17 혼자놀기의 진수! 이개인

▶ 등장인물 : 우미남 슈퍼바이저, 이개인 상담사, 최중앙 상담사

면담이 끝나가고 있는 시점이었다. 우미남 슈퍼바이저가 최중앙 상담원에게 마지막 질문을 던졌다.

"근무하면서 다른 어려운 일은 없나요?"

그러자 최중앙은 망설이는 기색이 보이더니 우미남의 눈치를 살폈다.

"그게 저…. 팀원들 모두가 좋은데, 이개인 언니가 신입사원들이 질문하면 잘 안 가르쳐주고 퉁명스럽게 대답해서 다들 무서워해요. 언니는 쉬는 시간에도 팀원들과 어울리지 않고요. 다른 것보다 신입사원들이 상처를 받는 것 같더라고요."

이어서 최중앙은 지난번에 회사를 그만 둔 신입사원도 이개인 때문이라는 점을 귀띔했고, 우미남은 그녀에게 확인해보겠다고 한 후 면

담을 마쳤다.

이개인의 실적은 팀에서 항상 1, 2등이었고, 말 그대로 뭐 하나 나무랄 데가 없었다. 딱 하나 단점을 꼽자면 개인주의적인 성향을 가졌다는 점이었다.

일전에도 우미남은 또 다른 상담사에게 비슷한 얘기를 들은 적이 있었다. 내부 규칙상 실적이 좋은 경력 2년 이상 사원은 신입사원을 옆에 앉혀두고 가르치는 멘토 역할을 해야 한다. 이것은 리더가 되기 위한 준비 과정 중의 하나인 동시에 실적관리와도 연관되는 것이라 일종의 희생정신 또한 필요했다. 하지만 이개인은 신입사원을 귀찮아했고, 이들을 퉁명스럽게 대했다.

고민하던 우미남은 이개인에게 면담을 요청하는 쪽지를 보냈다. 얼마 후 이개인이 우미남의 옆자리에 앉으며 밝게 인사했다.

"어머, 무슨 일이세요? 저랑 면담을 다 해주시고."

이개인이 팀 내에서 유일하게 밝은 얼굴로 대하는 사람은 우미남이었다. 또한 우미남도 이개인의 개인주의적인 성향을 너무 비판적으로 바라볼 필요는 없다고 생각해온 차였다. 말 그대로 그것은 그녀의 성향이며, 팀원 모두의 성향이 하나 같을 수는 없지 않은가? 다만, 관리자로서 팀 내부에서 트러블이 일어나지 않도록 조율하는 것은 중요했다.

"개인 씨도 이제 상담 그만할 때가 돼지 않았어요? 준비된 사람에게만 기회가 온다는 말 들어봤죠? 관리자가 되길 원한다면 준비하는 기간이 필요해요. 얼마 정도 시간이면 될 것 같아요? 슈퍼바이저가 되려면 실적 뿐만 아니라 본인의 평판도 관리해야죠. 아침에 오면 팀 내에 다른 사원과 인사해요?"

언제부턴가 이개인은 슈퍼바이저 후보에 관심을 보여 오던 차였다. 하지만, 이개인은 귀찮다는 표정으로 대답했다.

"아니요. 그럴 필요가 있나요? 너무 가까워지면 신입사원이 물어봐서 귀찮아요. 지난번 신입사원도 몇 번 가르쳐 줬더니, 계속 물어봐서 콜 실적이 5콜이나 떨어졌어요. 그런데 그러면 관리자가 되기 어려운 건가요?"

그녀는 개인적 성향이 강했지만, 더불어 '솔직함' 그리고 '당당함'이라는 장점을 가지고 있었다. 당당하게 팀원들을 무시하는 그녀는 우미남에게도 굳이 이를 숨기지 않았다. 우미남은 고개를 끄덕이며 힘주어 말했다.

"신입사원의 멘토 역할도 못하는 사원에 대해 누가 관리자 감이라고 생각하겠어요? 앞으로 관리자가 되는 준비 과정으로 일단 개인 씨 평판 중에서 우려될 만한 것을 고쳐나가는 걸 목표로 삼는 건 어떻겠어요? 실적은 되는데 평판이 좋지 않다는 이유로 후보에서 탈락하면

억울하잖아요, 안 그래요?"

"그럼 슈퍼바이저님 생각엔 그렇게 하면 제가 관리자가 될 수 있을 것 같아요?"

"객관적으로 생각해봐요. 그것 말고 개인 씨에게 흠이 될 만한 게 있나. 나보다 개인 씨가 더 잘 알고 있지 않아요?"

"그래요. 그럼, 한번 해볼게요. 어떻게 하면 되는 건데요?"

적극적인 이개인의 질문에 우미남은 고개를 끄덕였다. 그리고는 출퇴근 시에 팀원과 인사하기, 신입사원이 모르는 것 같으면 친절하게 가르쳐주기, 신입사원의 부족한 부분에 대해 어떤 직무를 공부해야 할지 체크해주기 등 몇 가지를 제시했다.

"일단 인내심을 가지고 6개월만 해봅시다. 다음 관리자 T/O가 나오길 기다리면서 말이에요. 평판이라는 건 하루아침에 변하는 게 아니라는 거 아시죠? 길게 느껴지더라도 몇 달 이상의 노력이 필요해요."

이개인은 별로 어려운 일도 아니라는 듯한 표정으로 고개를 끄덕였다.

며칠 후, 최중앙이 눈을 동그랗게 뜨고 오미남에게 달려왔다.

"슈퍼바이저님~ 개인이한테 뭐라고 하셨어요?"

"왜? 무슨 일 있어요?"

"아니, 갑자기 사람이 변해서 이상하잖아요. 신입사원에게 인사도 하고, 모르는 것이 있음 물어보라고 했다는데요?"

"같은 사원끼리 좋게 변하면 북돋아주고 해야지, 그렇죠?"

오미남의 담담한 반응에 최중앙은 멋쩍어하며 자리로 돌아갔다. 오미남은 최중앙이 돌아가자 혼자 '그럼 그렇지.' 하는 미소를 지었다. 결국 이개인은 관리자가 되기 위해 그녀에게 필요한 것이 무엇인지 정확하게 이해했고, 변화를 요구하는 슈퍼바이저의 요청을 받아들인 셈이었다.

그 결과 이개인은 팀의 멘토가 되어갔고, 그 후 6개월 만에 QAA가 되어 주위를 놀라게 했다.

◆ ◆ ◆

이 에피소드는 다음과 같은 질문으로 요약된다.

- 상담사의 특성을 정확하게 파악하고 해결방안을 강구할 수 있는가?
- 나는 상담사가 필요로 하는 것을 인지할 수 있는가?

개인주의적인 이개인은 자신에게 필요한 일만 실행하는 경향이 있었다. 오미남은 이 점을 정확하게 파악하고 이개인을 변화시키는 방법으로 이를 역이용했다. 오미남이 사용한 방법 이외에도 더 좋은 나만의 방식이 있는지 다방면으로 생각해보도록 하자.

> **Q** : 고객센터 QAA로 근무하고 있습니다. 업무 중 가장 어려운 것이 코칭인 것 같습니다. 특히, 부정적인 마인드의 상담사에 대해서는 어떻게 해야 할지 모르겠습니다. 실적도 최하위권입니다. 이런 경우에 대한, 코칭 방법이 있다면 Tip을 부탁드립니다.

A : 이개인의 경우는 우수사원이었으므로 굳이 변화시키지 않아도 자기 몫은 잘하는 사원이었다. 그러나 현실에서는 실적 역시 우수하지 않으며 마인드마저 부정적인 사원이 훨씬 더 많다. 그렇다면, 실적이 낮고 부정적인 사원은 어떻게 동기부여할 수 있을지를 다음 에피소드를 통해 살펴보자.

이번 에피소드에서는 마인드에 대한 해결방안만 제시하고, 실적관리는 후에 다시 언급하도록 하겠다. 에피소드를 읽으며 부정적인 상담사는 오히려 관리자의 고정관념이 만들어낼 수 있다는 점도 돌이켜보자.

난 내가 관리해!

▶ 등장인물 : 김초보 슈퍼바이저, 이강해 상담사

김초보는 설레어 잠이 오지 않았다. 내일은 슈퍼바이저로 발령 받은 첫 팀과 대면하는 날이었다. 무슨 말부터 꺼내야 할지도 긴장됐지만, 그 중 가장 큰 고민은 대학 동창이며 회사 동기이기도 한 이강해 사원에 대한 걱정이었다.

이강해는 대학교 4년 내내 장학생이었으며, 학과에서는 부학회장으로 일한 경험도 있었다. 실로 그는 리더십 있고, 똑 부러지기로 두말하면 잔소리였다. 그런 그녀가 김초보가 6급[18] 에 슈퍼바이저로 승진하는 동안 3급 평사원에 머물러 있다니 믿을 수 없었다. 아무리 실적 낮은 사원도 1년에 1급 승진이 통례인데, 이강해는 근무 년수 4년 동안 두 번 승급이 다였다. 거기다 회사에 대해 강하게 부정적인 마인드를 가지고 있어 관리자들도 맡기 꺼리는 상담사였다. 더군다나 학창 시절을 함께 한 김초보로서는 누구보다도 이강해의 강한 성격을 알고 있었다.

---

18 급수제도(1급~6급까지 있으며, 1급부터 시작해 단계별로 6개월에 한번씩 심사해 승진시킴)

월요일 아침 오전 8시 30분. 김초보의 앞에 팀원 15명이 나란히 착석했다. 김초보는 팀 미팅을 마치며 미리 면담 일정을 언급해두었다.

"마지막으로, 이번주 중으로 면담을 하겠으니 업무에 참고해주세요."

그녀로서는 우선 팀원에게 무엇이 필요한지, 이들의 성격이나 실적은 어떤지 알아야 할 것들이 많았으므로 반드시 빠른 시일 내에 면담을 해야 했다. 그렇게 몇 명의 팀원을 면담한 뒤, 김초보는 이번에는 이강해를 불렀다.

역시나 이강해는 '나를 관리할 생각이라면 그만두지.' 라는 표정으로 김초보 앞에 털썩 자리를 잡았다. 친구였던 이강해에게 김초보가 먼저 인사를 건넸다.

"어! 왔어? 여기 앉아. 편하게 얘기하자." 이강해는 딱딱하게 답했다.

"나는 실적관리 안 해줘도 될 거야. 어차피 기본급만 받고 다니기로 한 회사니까 나한테 신경 안 쓰는 게 네 정신건강에 좋을 수도 있어."

그녀가 마치 준비한 것처럼 말을 쏟아내자 김초보는 당황스러웠다. 이강해 성격은 잘 알고 있었지만, 그래도 지금 그녀가 관리자가 된 상황에서 이렇게까지 나오리라고는 예상치 못했던 것이다. 김초보는 형식적인 면담은 소용없겠다는 생각이 들었다.

"강해야. 이게 네 지난 6개월 동안의 실적이야. 난 이걸 덮어버릴 거야. 내가 알고 있는 이강해에 대해서 먼저 말해볼게. 서울의 평균 이상이라고 하는 국립대를 나왔고, 학교 다닐 때는 항상 장학생이었지. 학과 부학회장이었고, 맞지? 리더십도 좋아서 과모임이나 행사는 네가 주도했어. 그것도 맞지?"

"야! 그게 지금 무슨 상관이야?"

이강해가 발끈하자 김초보도 언성을 높이며 소리치듯 말한다.

"왜 상관이 없어? 학력이 다는 아니지, 장학금도 부학회장도 다는 아닐 수 있어. 그래도 여기 있는 400여 명 상담사 중에 네가 뭐가 모자라서 여태 3급 사원으로 있는 건지 설명 좀 해봐. 고졸, 전졸 사원들도 열심히 해서 너보다 많은 급여를 받고 있는데, 앞으로 기본급만 받겠으니 실적은 신경 쓰지 말라고 말하니 그걸 어떻게 받아들여야 하지? 네가 그들보다 부족하니? 아니면, 네 능력이 그것밖에 안 돼? 능력이 그것밖에 안 된다면 지금 말해. 그럼 너 깨끗이 포기할게."

"야! 신경 끄라는 말만 하고 가려 했는데, 왜 이상한 얘기는 꺼내고 난리야!"

놀랍게도 이강해의 눈시울이 붉어졌다. 잠시 마음을 고른 김초보는 차분히 이강해의 손을 잡고 얘기를 시작했다.

"뭐가 문제야? 이 회사가 마음에 안 들어? 그게 네가 급여를 적게 타겠다는 이유야?"

잠시 아무 말이 없던 이강해는 서서히 봇물 터지듯 말을 시작했다. 면접 때부터 그녀는 상사에게 좋지 않은 인상으로 낙인찍혔고, 이유로 김초보와 함께 면접을 봤음에도 예비후보자로 한 달 뒤에 추가합격 된 바 있었다. 입사 후에도 실적은 낮았고, 결혼과 출산을 겪으면서 승진에서 밀려났다. 그리고 어느 순간 자신도 모르게 불만 가득한 사원이 되어 있더라는 것이다. 게다가 그 불만의 목소리는 듣는 귀가 많다 보니 이후 리더나 승진 후보에서도 이강해는 늘 열외였다.

다 듣고 난 김초보는 이강해의 눈물을 닦아주며 말했다.

"좋아. 앞으로는 내가 도와줄게. 사람들의 선입견을 한 번에 바꿀 수는 없고, 너도 한 번에 변하기는 어려울 거야. 시간을 가지고 노력해 보자."

이강해는 여전히 눈시울이 붉었지만, 그래도 처음과는 달리 눈빛이 빛나고 있었다.

"내가 노력한다고 갑자기 변할 수 있겠어?"

"조금 전에 했던 말, 똑같이 다시 해볼까?"

"아니, 됐어!"

그제야 이강해는 긴장을 풀고 손사래 질을 하며 웃었다. 김초보가 다시 굳건히 고개를 끄덕였다.

"그럼 나만 믿고 따라와 주는 거다. 오늘부터 나 이외에는 누구에도 회사에 관련된 부정적인 얘기는 하지 마. 부정적인 사원이라는 이미지를 벗는 게 실적보다 더 중요하니까."

고개를 끄덕이는 이강해의 얼굴에는 단호함이 엿보였다. 그리고 시간이 흘렀다. 실로 이강해가 부정적인 사원이라는 이미지는 생각보다 오래 갔고, 때문에 이강해는 슈퍼바이저가 되기까지 상당히 오랜 시간이 걸렸다. 하지만 결국 그녀는 승급에 성공했고, 김초보는 슈퍼바이저가 된 이강해에 대한 믿음을 버리지 않았다. 아직도 과모임을 진두지휘하던 그녀의 모습이 생생했기 때문이다. 김초보는 그녀가 시야를 더 넓게 볼 수 있게 된다면 더 성장할 수 있는 능력이 있다는 것을 애초부터 알고 있었던 것이다.

◆ ◆ ◆

이 에피소드에서 산출할 수 있는 핵심적인 질문은 다음과 같다.

- 부정적인 마인드를 가지고 있는 상담사와의 면담에서 리더가
  상담사를 바라보는 시선은 과연 긍정적인가?
- 부정적인 마인드의 상담사에게도 동기부여가 필요한가?
  만약 필요하다면 어떤 방식의 동기부여를 적용할 것인가?

이강해와 같은 성향의 상담사는 슈퍼바이저나 QAA가 기피하는 대상자 1순위다. 실제로 이강해를 완전히 변화시키는 데는 1년 넘는 시간이 걸렸으며, 관리자가 되기까지는 그로부터 2년이 더 걸렸다고 한다. 나는 지금 상담사를 관리자로 만드는 것이 중요하다고 말하는 것이 아니다. 더 중요한 건 관리자가 상담사의 역량과 성향을 정확하게 파악해 대안을 제시하는 것이다. 이강해와 같은 상담사의 경우, 관리자가 긍정적인 시작에서 바라보는 것이 무엇보다 중요하다. 관리자가 부정적으로 바라본다면, 상담사는 절대 긍정적으로 바뀌지 않는다. 여러분도 만일 이강해와 같은 상담사를 만났을 경우 어떻게 대처할지 관리방안을 모색해보도록 하자.

Q : 저는 고객센터에서 QAA로 일하고 있습니다. 최근 입사한 신입 상담사 중 한 명이 굉장히 소극적이라 코칭이나 면담이 거의 어려울 정도입니다. 이렇게 소극적인 사원은 어떻게 코칭해야 할까요?

A : 여기에서는 '소프트 터치(Soft Touch)' 기법을 살펴볼 필요가 있다. 사실 고객센터에서 아주 소극적인 성격의 소유자는 자주 찾아볼 수 있는 캐릭터가 아니다. 하지만, 사람마다 성격이 제 각각인 만큼 다양한 성격에 따라 관리방안도 다르게 적용할 수 있어야 한다.

다음의 에피소드를 읽어보며, 나는 이런 성격의 상담사를 어떻게 관리할지 생각해보도록 하자.

Episode 19 **투명인간 조용희**

▶ **등장인물 : 나친근 슈퍼바이저, 조용희 상담사**

나친근 슈퍼바이저는 요즘 조용희 상담사에 대한 고민이 컸다. 조용희는 내성적인 성격으로 속마음을 표현하지 않는 건 물론이고, 상담 이외에는 아예 말을 하지 않을 정도였다. 나친근의 물음에는 그저 웃을 뿐 아주 가끔 "네~" 하고 대답하는 정도였다. 그런 그녀와 친밀해지려고 면담도 하고 회식 자리에서 친근하게 말도 걸어봤지만 좀처럼 마음을 열지 않았다.

나친근은 사실 고객센터에서 이런 캐릭터를 경험해본 적이 없었다. 아무래도 말을 하는 직업이다 보니, 고객센터에는 내성적인 성향보다 외향적인 성향의 사원이 더 많다. 또한 내성적이더라도 편안한 회식 자리에서는 이런저런 말을 할 법도 한데, 조용희는 회식 내내 동료들과도 대화가 없었다.

오전 근무 전 시간을 팀원과 보내는 나친근은 이들과 간식을 먹거나

차도 한잔 하면서 어제 저녁은 어떻게 보냈는지, 아침은 먹었는지, 그 날의 날씨 같은 가벼운 이야기를 나누곤 했다. 그러다 보면 어느 팀원이 컨디션이 안 좋은지, 어제 저녁 클레임으로 애 먹은 사원은 없었는지, 아침 출근길에 별 일은 없었는지 팀원들의 크고 작은 사건을 체크할 수 있었다. 또한 그렇게 체크한 정보는 그날의 면담이나 코칭, 실적 관리에 참고했다. 하지만, 삼삼오오 모여서 담소를 나누는 시간에도 조용희는 입을 다물고 앉아 있었다.

일주일 전부터 나친근은 그런 그녀에게 말을 걸기 시작했다.

"용희 씨~ 아침은 먹고 왔어요?"

조용희는 언제나처럼 웃을 뿐이었다. 일주일이나 같은 질문을 한 나친근은 안되겠다 싶어 조용희의 책상에 살짝 엉덩이를 기대 앉았다.

"먹고 왔으면 먹고 왔다, 안 먹고 왔으면 안 먹고 왔다, 왜 말을 못해 애~?"

유행어를 흉내 내 농담하듯 날하는 나친근을 향해 조용희가 웃으며 말했다.

"안 먹었어요."

"안 먹고 왔으면, 간식 같이 하지 그랬어요. 아침 밥은 먹고 다녀야 해요. 아침 밥 먹기 싫어하는 사람도 있긴 하던데… 그런 건 아니죠?"

"네."

오늘은 횡재수가 있었나, 벌써 두 번이나 대답을 들었으니 마음이 놓이기도 했다. 또 한편으로는 아이러니했다. 평소 조용희의 성격으로 보면 안 먹고 왔어도 먹고 왔다고 할 줄 알았는데, 아니었다. 즉 조용희는 최소한 형식적으로 대답하는 스타일은 아니라는 판단이 들었다. 대화에 만족한 나친근은 내일부터는 더 적극적으로 말을 걸어보자고 결심했다.

다음 날, 평소와 다름없이 다른 팀원들과 시간을 보낸 나친근은 마지막으로 조용희에게 다가갔다.

"용희 씨~ 오늘은 아침 먹고 왔어요?"

"아니요."

"어째, 또 밥을 못 먹었어~ 늦잠 잤어요?"

"밥이 없어서요."

"집에 밥이 없어요? 용희 씨 자취한다고 했죠? 밥은 할 줄 알아요?"

"아니요."

나친근은 조용희와의 대화가 길어지는 것에 흥미를 느끼면서 더 물었다.

"자취한다면서 밥도 할 줄 모르면 뭐 먹고 살아요? 여동생과 같이 지낸다고 했죠? 여동생도 못해요?"

"네."

"아이고, 가정 시간에 뭐 배웠대. 밥도 못하고…. 이따 퇴근할 때 밥 하는 법 적어줄게요. 오늘 가서 밥 해보는 거예요. 근데, 그럼 쌀은 있어요?"

"아니오."

갈수록 태산이었지만 나친근은 여전히 신나 하며 물었다.

"그럼 쌀 살 돈은 있고?"

그제야 조용희는 나친근을 쳐다보며 처음으로 밝게 웃었다.

"네~"

"오케이! 알았어요. 시범 삼아 쌀 작은 거 하나 사서 한번 연습해 봐요."

그날 오후, 나친근은 밥하는 법을 상세하게 적은 쪽지와 함께 물 맞추는 법을 조용희의 손을 잡아 손등에 표시하며 알려주었다.

그리고 다음날 아침, 나친근은 기대감을 숨기며 조용희에게 다가가 다시 물었다.

"용희 씨, 밥은 어떻게 해먹어 봤어요?"

그러자 놀라운 대답이 돌아왔다.

"도시락도 싸왔어요."

문득 나친근은 팀원 실적을 올렸을 때보다 더 큰 성취감을 느꼈다.

"하하! 정말요? 처음 한 밥에 도시락이라니 하루 만에 장족의 발전이네요. 다른 요리도 하다가 막히면 언제든 물어봐요."

그날 퇴근 전 나친근은 유명한 블로거의 요리 사이트 주소를 적어서 조용희에게 주었다.

물론 성격이 단번에 변하는 것은 아니라 이후로도 조용희와 사적인 대화를 많이 나누는 건 쉽지 않았다. 다만, 달라진 점이 하나 있었다. 조용희가 나친근에게 의사표현을 시작했다는 것이다. 이전에 진행했던 면담에서 조용희는 항상 듣기만 했을 뿐 어떤 의사도 표현하지 않았다. 그냥 웃거나 고개를 끄덕였던 그녀가 본인의 생각을 말하기 시작한 것이다. 이것은 곧바로 나친근이 지금부터는 조용희를 진짜로 업무적으로 도울 수 있게 되었음을 의미했다.

◆ ◆ ◆

이 에피소드를 통해 다음의 질문을 던지고 해답을 찾아보자.

- Soft Touch'의 효과는 면담이나 코칭보다 낮은가?
- 면담이나 코칭으로도 관리가 어려운 사원에 대해 다른 관리방안을 모색할 수 있는가?

조용희 상담사 같은 성격의 소유자는 사실 필자도 13년 동안 단 한 번밖에 경험하지 못했다. 하지만 그 한 사람도 조직의 일원임에는 변함이 없다. 즉 이런 이들을 '다른 사람과 다르다'고 생각하기 전에 먼저 관리자인 내 방식의 변화가 필요하다. 실로 상담사를 관리하는 방식에는 무궁무진한 방향과 변수가 존재하는 것이다.

5

최대의 난제! 이직률을 관리하자

고객센터 운영에서 겪는 가장 큰 어려움 중에 하나는 바로 상담사들의 이직률 관리다. 업무 강도가 세거나 인격적인 면의 피로를 느낀 상담사들이 미처 업무가 익숙해지기도 전에 이탈하거나, 경력 상담사들도 자칫 심신의 균형을 잃고 이직해버리는 경우가 왕왕 있기 때문이다.

이 같은 이직은 고객센터의 운영에도 혼선을 줄 뿐 아니라, 관리자와 평사원 상담사 모두에게 적지 않은 영향을 미친다. 따라서 이직률 관리는 관리자가 사활을 걸어 담당해야 할 중요한 난제이며, 실제로 관리의 질과 방향을 개선하는 것만으로도 이직률을 상당히 줄일 수 있다. 다음의 질문과 답을 살펴보자.

Q : 고객센터 관리자로 근무하고 있습니다. 최근 계속되는 상담사의 이직으로 스트레스를 받고 있어요. 어떻게 해도 저희 팀만 월 이직률이 15%가 넘는데, 이직률 관리 방법이 있다면 알려주세요.

A : 이직률은 '코칭 패러다임'의 마지막 부분으로서, 사실 관리하기 가장 어려운 항목이다. 앞선 전문관리자 과정에서 우리는 이직률 관리에 대해 두 가지 사안을 살펴보았다. 첫 번째는 실적분석으로 이직을 예측할 수 있는 방법, 두 번째는 친밀감 형성 등으로 부정적인 사원

을 관리하며 이직률을 관리할 수 있는 방법이었다. 이번에는 전반적인 팀 관리에 대해 생각해볼 수 있는 에피소드를 소개하겠다. 에피소드를 읽으며 나만의 팀 관리 방안에 대해서 구상해보도록 하자.

Episode 20 밥 사줄게! 그만 두지마라~

▶ 등장인물 : 서상관 매니저, 한듬직 슈퍼바이저

월요일 저녁, 월간 회의를 위해 모든 관리자들이 모였다. 시작 전부터 한듬직은 등줄기에 식은땀이 흐르는 기분이었다. 한듬직은 8개월차 슈퍼바이저로, 지난 8개월 동안 그의 팀에서 무려 40명의 상담사가 퇴사했다. 이직 원인에 대해 수백번도 더 생각해봤고, 떠오르는 아이디어는 실행 안 해본 것이 없었음에도 여전히 이직 인원은 줄지 않고 있었다.

"한 슈퍼바이저! 실적은 나중에 하고, 이직 사유부터 발표해 보세요."

서상관의 서슬 퍼런 목소리가 들려왔다.

한듬직은 자신도 모르게 몸이 굳는 것을 느꼈다. 한듬직의 아버지는 군인이었고, 어린 시절 한듬직에게 아버지의 명령은 곧 법이었다. 어머니는 아버지에 대한 보호막이기는 했지만, 위기상황에서만 쓸 수 있는 히든카드와 같았다. 그런 성장 환경 탓에 그는 입사 후 상사의 지시는 잘 따랐지만, 부하직원과의 의사소통에는 어려움을 겪었다. 그는 툭 하면 명령을 내렸고, 언성이 올라가는 일이 비일비재했다. 그런 한듬직의 성격 탓에 상담사들도 무단결석으로 퇴사하는 일이 흔하게 일어났고, 심한 경우 근무 도중 울면서 뛰쳐나가기도 했다.

한듬직 자신도 본인의 커뮤니케이션 기술에 문제가 있다는 것을 시간이 지나면서 알게 되지만, 언어 표현은 고치기 힘든 문제였다. 되도록 청유형으로 말하려고 노력했으며, 언성을 높이는 일도 줄었지만, 그로부터 두 달이 지났음에도 이직률은 낮아지지 않고 있었다. 지난 달 한듬직은 팀원을 모아놓고 실적에 대해서는 말하지 않을 테니, 제발 나가지만 말아달라고 사정하기도 했다. 하지만 결과는 마찬가지였다.

프레젠테이션을 마친 한듬직에게 서상관이 말했다.

"사원의 마음을 쫓아가 잡으려 하지 말고, 스스로 본인에게 오게끔 만들어야 합니다. 본인만의 방법을 터득하도록 하세요."

밤새 고민한 한듬직은 다음날 팀의 오전 미팅을 끝내며 이렇게 말해 보았다.

"내일 저녁에 회식하려고 하는데 시간 안 되는 사람 있나?"

그러자 누군가 의아한 듯이 말했다.

"이번 달 회식은 벌써 지난번에 했잖아요."

하지만 한듬직은 웃으며 답했다.

"소모임이라고 생각하세요. 시간 안 되는 사람 없는 거지? 그럼 장소는 맛있는 목살집이 있는데 거기 갑시다. 제가 쏠 테니 기대해도 좋습니다."

그러자 팀원들도 "와~" 하며 좋아하는 얼굴들이었다.

약속대로 한듬직은 자비를 털어 회식을 했다. 목살로 1차, 노래방 2차, 맥주 3차 모두 30만 원이 넘는 금액이 들었다. 하지만, 소득은 있었다. 소모임 회식으로 팀원들과 이런 저런 이야기를 나눌 수 있었고, 덕분에 몰랐던 사실도 알게 되었다. 한듬직에게 다가가기 어려워 혼자 고민하고 있던 상담사가 있는가 하면, 옆 사원을 따라 얼떨결에 퇴사한 사원도 있었다는 이야기도 들었다. 또한 이직 사유가 한듬직에게 말한 것과 전혀 다른 사원도 있다는 것도 알게 되는 등 알찬 시간이었다.

그로서는 이 순간이 슈퍼바이저가 된 후 일하는 게 처음으로 신나고 즐겁게 느껴졌다. 회식 이후 그는 변하기 위해 좀 더 노력에 박차를 가했다. 그리고 그달의 팀 이직률은 처음으로 10% 미만으로 감소했으며, 덕분에 그는 월간 회의에서 박수를 받는 영광까지 누렸다. 하지만,

희망은 한달 만에 깨져버렸다. 다음 달부터 또 다시 이직률이 15%를 넘었기 때문이다. 예전처럼 20~30%는 아니었지만, 15명 중 평균 3명의 퇴사는 결코 안정적인 수치가 아니었다.

하지만, 난관이 하나 더 있었다. 한듬직의 자비로 진행한 소모임 회식을 팀원들이 당연시하게 되었다는 것이다. 어느 날 한 팀원이 물었다.

"이번 달은 소모임 안 해요?"

한듬직은 한숨을 쉬었다.

"여러분, 너무하네요. 소모임은 내 월급으로 하는 건데, 매달 해달라고 하면 어떻게 합니까?"

이제는 소모임을 중단해야겠다고 생각하며 한듬직은 스스로에게 되물어보았다.

'동일한 조건에서 우리 팀만 이직률이 높다면, 원인은 나에게 있는 것일까?'

소모임의 효과가 첫 달에만 반짝했던 것을 씁쓸해하며 다른 질문도 던져보았다.

'소모임처럼 반복적인 보상은 보상으로서의 효과가 없는 걸까?'

◆ ◆ ◆

이 에피소드는 다음의 세 질문으로 요약할 수 있다.

- 회식을 통한 팀원과의 커뮤니케이션은 한계가 있는가?
- 그렇다면, 팀장의 커뮤니케이션의 다른 방법은 무엇이 있는가?
- 커뮤니케이션과 이직률은 상호연관성이 있는가?

한듬직은 친밀감 형성과 의사소통의 방법으로 회식을 택했다. 물론 스트레스가 높은 상담사를 위해 회식을 하는 것은 종종 있는 일이다. 하지만, 모든 의사소통을 회식으로 해결하려는 방법은 분명 잘못되었다. 또한 반복적으로 주어지는 보상은 처음에만 효과가 있을 뿐, 시간이 지나면 효과가 떨어진다. 더 이상 보상이 아닌 당연한 것으로 받아들여지기 때문이다.

그렇다면, 한듬직의 경우는 어떤 관리 방안이 필요했을까? 한듬직의 가장 큰 문제는 팀원과의 의사소통이었다. 의사소통 방법으로 소모임을 선택한 것은 처음에는 효과가 있는 듯 보였다. 그도 그럴 것이 기존에는 그 정도의 대화도 없었기 때문이다.

하지만, 팀원에 대해 100% 파악하기에는 소모임도 역부족일 수밖에 없다. 문제가 의사소통이었다면, 술의 힘을 빌리는 대신 평범한 업무 시간의 대화로 일을 해결했어야 한다. 팀원과의 면담을 통해 본인의 언어 표현이 과격한 것에 대해서 이해를 구하고, 팀원의 이야기를 들으려고 했다면 더 낫지 않았을까?

> **Q** : 저희 팀은 목표 인원이 15명인데, 현재 12명만 있고 나머지 3명의 인원이 채워지지 않고 있습니다. 들어온 신입사원들이 적응하지 못하고 계속 나가는데, 업무에 대한 부담감이 큰 것 같습니다. 업무를 줄여주지는 못할 것 같은데, 어떻게 해야 할까요?

A : 신입사원의 경우, 관리자는 이들이 업무에 적응할 때까지 기다릴 줄 알아야 한다. [Episode 15]를 기억하는가? 여기에서 오경직 슈퍼바이저는 입사한 지 얼마 안 된 이소심과 실적 면담을 진행해 오히려 부담을 안겨줌으로서 결과적으로 이직을 종용한 모양새가 되고 말았다.

마찬가지로 입사한지 6개월 이내의 사원이 이직하면서, "업무에 대한 부담감이 커요.", "제가 팀에 피해를 끼치는 것 같아요."라고 말한다면 이것은 곧 "관리자님이 말씀하신 실적은 부담스러워요."와 같은 말이라고 보면 된다. 입사한 지 얼마 되지 않은 신입사원이 사실 '실적이 무엇인지, 본인의 실적이 부족한지'를 어떻게 알겠는가? 따라서 관리자는 이들을 대할 때 실적에 대한 전달을 조심스럽게 하고 부담을 안겨줘서는 안 된다.

또 하나, 신입사원의 실적은 절대 다른 사람과 비교해서는 안 된다. 정히 실적을 분석하고 면담하겠다면, 지난 실적과 현재의 실적 본인의 실적으로만 분석해서 전달해야 하며, 상승된 실적에 대해서는 무한한 칭찬을 해줘야 한다. 처음부터 잘하는 사람이 어디 있겠는가?

그렇다면 이번에는 [Episode 15]에 이어지는 또 다른 버전의 에피소드를 읽어보며 나는 이직에 대한 면담을 진행할 때 어떤 생각을 하는지 살펴보도록 하자.

Episode 21 　실적면담 : Supervisor Version

▶ **등장인물 : 오경직 슈퍼바이저, 이소심 상담사(근속 6개월)**

오경직 슈퍼바이저의 컴퓨터 화면에 이소심 상담사의 쪽지가 떠올랐다.

'시간 괜찮으시면 면담 요청해도 될까요?'

이소심은 근속 6개월의 신입사원으로 내성적인 성격이었다. 이 쪽지에서 뭔가 불안한 기운을 감지한 오경직은 머릿속이 복잡해지기 시작했다.

'설마 그만둔다고 하는 것은 아니겠지?'

관리자의 실적에서 이직률은 가장 큰 비중을 차지하는 만큼 오경직은 상담사들의 불안한 언질에 항상 예민해졌다. 오경직은 미간을 찌푸리며 답장을 썼다.

'지금 통화중인 콜 끝나면 제 자리로 오세요.'

잠시 후 이소심이 그녀를 찾아왔다.

"소심 씨가 면담을 다 요청하고 무슨 일이에요? 어디 아픈가요?"

"저 아무래도 회사를 그만둬야겠어요."

올 것이 왔다 싶었다. 오경직은 머릿속으로 실적 계산을 하면서 말을 이었다.

"소심 씨! 갑자기 이게 무슨 말이에요? 집에 무슨 일 있어요?"

"아니요~ 그런 건 아니고요. 그냥 좀 힘들어서요."

"힘든 일이 있으면 진작 얘기하지 그랬어요. 힘든 일이 있으면 얘기해 봐요. 내가 도울 수 있는 일이라면 도와줄게요."

이소심은 고개를 숙이며 작은 목소리로 답했다.

"상담하는 일이 저하고 잘 안 맞는 것 같아요. 스트레스도 많고."

오경직은 뻔한 대답이다 싶어 다시 미간을 찌푸렸다.

"퇴사하면 무슨 일 하려고요?"

"애견센터에서 일한 적이 있어서 그 일을 다시 해보려고요."

그녀는 이직할 애견센터까지 알아봤다고 말하며 고개를 숙인 채 손끝만 만지작거렸다. 오경직은 애견센터 근무의 어려움과 근속별 적응도를 설명하며 6개월이나 근무했으니 조금 더 지나면 적응할 것이라고 10여 분간 설득했다. 그런데 놀랍게도 듣고 있던 이소심이 울음을 터트렸다.

"저 때문에 팀 실적이 낮아지는 것 같아요. 열심히 하는데도⋯."

"무슨 소리 하는 거예요? 근무한 지 얼마나 됐다고⋯. 사람에 따라 적응 시간이 다른 건 당연한 일이에요. 걱정 말고 눈물 그쳐요."

오경직은 이소심의 등을 토닥거렸지만, 결국 그녀는 일주일 후 이직을 선택했다. 오경직은 이직 사유를 업무 부적응으로 체크해서 매니저에게 보고했다.

◆ ◆ ◆

관리자가 되기 전 일반 상담사로 일할 때를 떠올려보자. 고객과 상담을 하던 도중 감정이 들끓을 때, 과연 그것이 잘 숨겨지던가? 슈퍼바이저나 QAA가 되었다면, 이제 그는 상담사를 고객처럼 받아들여야 한다. 상담사와 이직 면담을 하는데 머릿속에서 팀 실적을 계산하고 있으면, 어김없이 그것이 상담사에게 고스란히 전달되게 마련이다.

관리자로서 이직 면담을 하며 마음가짐이 어때야 하는지 고민해보도록 하자. 여러분도 이소심과 같이 힘들고 소심했던 시절이 있었을 것이다.

맺 는 말

베스트 상담사, 바로 여러분의 미래다!

많은 상담사들이 '상담 일은 어렵고 힘들다' 고 말한다. 이 부분을 부정하고 싶지는 않다. 그러나 또 한 가지, '어렵고 힘든 일이지만 즐겁게 할 수 있는 방법은 없을까?' 라고 되묻고 싶기도 하다. 한 사람의 장인이 숙련공이 되기까지 그는 무수히 여러 번 손을 다쳐야 한다. 마찬가지로 정확하고 세련된 베스트 상담사의 길 역시 오랜 인내와 경험을 필요로 한다.

그러나 그 열매는 달다고 감히 말하고 싶다. 단순히 전화를 받는 역할이 상담사들이 경험할 수 있는 직업 경험의 전부가 아님을 분명히 말하고 싶다. 이 책은 베스트 상담사가 되기 위해 기본적으로 알아야 할 소양과 더불어, 상담사들을 독려하고 이끌어가야 할 관리자들은 어떤 마음가짐과 태도를 지녀야 하는지를 동시에 다루었다. 이처럼 양 방향의 개괄이 고객센터에서 일하는 모두에게 업무 이해와 기본적 지식을 선사할 수 있으리라 믿어서이다.

부족한 면이 있었다면 앞으로 보강해 나갈 것이며, 필자는 앞으로도 많은 분들의 도움으로 고객센터 업무와 관련한 다양한 화두와 질문을 던지고자 한다.

이 책이 상담사와 관리자 모두에게 도움이 되기를 바라며, 부족한 글을 읽어주신 모든 분께 감사드린다.

참고자료

윤서영, [텔레마케터의 자격요건 및 실무] 강의자료, 2008.
윤서영, [마인드 컨트롤] 강의자료, 2008.
윤서영/서미선, [LDC_통합교안] 강의자료, 2009.
윤서영, [고객센터의 정의 및 KPI의 이해] 강의자료, 2011.
윤서영, [Mothly/Weekly 팀장 회의자료], 2008~2010.

참고문헌 및 기타자료

황태철(2004), 〈콜센터시스템〉, 신광문화사
송현수(2005), 〈콜센터매니저먼트〉, 새로운 제안
김홍식, 김효정, 박영숙, 심순희, 안정기, 정미경(2011), 콜센터 매니저, ㈜시대고시기획
곽상종, 정기주, 최수정, 〈고객센터에서 상담사의 직무탈진감이 고객지향성, 직무만족 및
이직의도에 미치는 영향〉, 경영학연구 제 39권 제3호, 2010
최한원, 〈콜센터 상담사의 직무환경이 직무만족을 통해 이직의도와 직무성과에 미치는
영향에 관한 연구〉, 부경대학교 경영대학원, 2011김기만,
〈대구지역 컨택센터 종사자의 만족도 및 이직요인 분석〉, 한국중소기업경영연구소,
200COPC@Glossary(2008)
Stephen P.Robbins Timothy A. Judge, [Organizational Behavior, 14/e], 한티미디어

참고사이트

http://www.callcenter.or.kr/(한국고객센터산업연구소)

부록 · 고객센터에서 자주 사용하는 용어

1. Adherence

- 정의 : 스케줄 준수율; 계획대비 착석비율 (터미널을 켠 비율)
- 수집과 보고 : ACD를 통해 측정되고, 주와 월별로 추적하여 매일 보고
- 목표 : 92% 이상
- 관리방법
  - 스케줄 준수율의 중요성에 대해 전 직원 교육 필요
  - 스케줄을 잘 이해하도록 지도
  - 코치, 훈련, 소프트웨어 활용도 개선

2. After Work Time

- 정의 : 잔업처리 시간
  통화가 종료된 후 상담원이 통화와 관련된 관리적 업무를 하는 소요시간
- 수집과 보고 : ACD를 통해 측정되고, 일,주,월별로 개인과 그룹으로 도표화 관리
- 목표 : 30초~60초
- 관리 방법
  - 통화 중에 필요한 작업을 진행함으로 시간을 감축 시킬 수 있음
  - 긴 후처리 시간은 대기시간과 포기율에 영향을 미치고, 고객만족 감소원인
  - 체계적인 모니터링을 통한 문제점 파악 후 개선
  - 개인적인 상담을 통해 문제점 도출 및 개선 노력

3. Abandonment Time

- 정의 : 평균 통화포기 시간
  고객이 전화를 끊기까지 기다리는 평균 시간
- 수집과 보고 : ACD를 통해 측정되고, 일별, 주 별로 관리
- 목표 : 20초~60초; 포기시간보다 포기 율이 더 중요
- 관리 방법
  - 매우 짧은 포기시간은 다른 경쟁조건의 유용성 때문이거나, 콜센터 연결을
    위한 반복적인 노력이 만족스럽지 못함을 암시한다
  - 포기 호와 장애 콜 대기시간 확인을 통해 고객의 콜센터 연결 어려움을 파악한다
  - Peak time에 Part Time 효율적 이용

4. Average Cost per call

- 정의 : 일정기간 동안 콜센터를 운영하는데 소요되는 총 비용을 콜센터에서 받은
  통화의 수로 나누어 준 값, 이때 콜센터가 받은 통화에는 상담사 연결 성공 뿐만
  아니라 시스템에 의해서 처리된 콜도 포함
- 수집과 보고 : 받은 콜 수는 ACD에서 측정가능, 센터 총 비용은 회계부서에서 수집가능
  주별로 콜센터 관리자에 의해 계산되고 보고되어야 한다
- 목표 : 2달러 ~5달러
- 관리방법
  - VRU 에서 보다 많은 고객호를 처리 하도록 디자인
  - Part Time 상담원의 효율적 이용으로 상담인력 최소화 유지
  - AHT를 최소화 하여 생산성 극대화

5. Average Handle Time

- 정의 : 평균처리시간 = 통화시간 + 후처리시간
- 수집과 보고 : ACD를 평균처리시간과 AHT를 제공한다. 일별, 주별, 월별 관리한다
- 목표 : 3분~10분±15%
- 관리방법
  - 적절히 콜을 완료하는 것에 대한 교육 실시
  - 컴퓨터 데이터 정보에 접근하는 교육 실시
  - 긴 AHT는 고비용을 일으키므로 이를 단축하는 관리가 필요

6. Average Hold Time

- 정의 : 평균 대기 시간
  ACD로 연결된 후 대기자로 등록되어 상담사와 전화 연결될 때까지 발신자가
  기다리는 평균 시간
- 수집과 보고 : ACD가 상담사 대기시간을 보고 할 수 있으며, 평균 대기시간을 알려준다
  매일, 매주, 매달 보고하고 관리
- 목표 : 20초~60초
- 관리 방법
  - 대기시간은 서비스레벨을 낮추는 주요한 요인
  - 대기시간은 전화 거는 사람의 주된 불만의 원인
  - 통화 유형별 대기시간을 보고하고, 대기 시간 감소를 위한 방안을 활용
  - 스케줄 고수, 대기시간, 평균처리시간, 결근이 대기 시간에 어떤 영향을 주는지 설명

7. Average Number of ring

- 정의 : 벨이 울리는 평균 횟수
  고객이 시스템 즉 상담사, IVRU, VRU가 응답하기까지 들은 벨의 평균 횟수
- 수집과 보고 : ACD에서 수집, 매일 보고되고 관리한다
- 목표 : 2회~4회
- 관리 방법
  - 대기 시간을 관리하는 도구로서, 벨 횟수는 최소한 유지되어야 한다.
  - 수동으로 전화를 받을 경우 표준에 입각하여 벨이 울린 후 전화를 받는다

8. Average Queue Time

- 정의 : 평균적인 대기 시간
  ACD로 연결된 후 대기자로 등록된 후 상담사와 전화 연결이 될 때까지
  전화 거는 사람이 기다리는 평균시간(초)
- 수집과 보고 : ACD에서 수집, 매일 보고되고 관리한다
- 목표 : 30초~90초
- 관리 방법
  - 대기 시간은 서비스레벨을 낮추는 중요한 요인이다
  - Pick Time에는 Part Timer를 활용하라

9. Average Speed of Answer

- 정의 : 평균 답변 속도
  - 모든 시간을 모든 전화 응답 수로 나눈 것
- 수집과 보고 : ACD에서 직접 사용, 30분마다 보고되고 주세분석으로 구성
- 목표 : 20초 미만
- 관리 방법
  - 답변속도가 평균속도 보다 지나치게 높지 않도록 관리

10. Average Talk Time

- 정의 : 고객과 상담사의 통화 시간
- 수집과 보고 : ACD를 통해 수집, 상담사, 그룹간 수치 시간,일,주간,월별 관리
- 목표 : 270초~360초
- 관리방법
  - 각 콜 유형에 따른 모니터링으로 문제점 파악하여 개선 필요
  - 상담능력, 통화 종료 스킬, 업무 지식, Application 사용법 교육으로 개선
  - 통화 종료에 대한 교육 실시

11. Call Per Hour

- 정의 : 1시간 동안 상담사가 처리한 통화의 평균
- 수집과 보고 : ACD수집,매일 관리
- 목표 : 센터 특성에 따라 달라진다 (high:5건, simple:100건)
- 관리 방법
  - 상담사 생산성을 측정하는 중요한 지표
  - 고객 서비스의 질을 저해하지 않는 한에서 유지

12. Monitoring Scores

- 정의 : QAA가 상담사의 콜을 정량적으로 점수화한 산물
- 수집과 보고 : 월 4~5회 정도 실시
- 목표 : 센터 별 특성에 달라진다
- 관리방법
  - 점수는 일괄적으로 산출
  - 상담사들이 모니터링 평가표를 숙지하고 있어야 한다
  - 모니터링 콜은 녹음 저장이 되어 상담사가 청취해서 납득할 수 있도록 한다

13. Occupancy Rate

- 정의 : 실 응대 준비율 = [대화시간 + 보류시간]/[대화시간 + 보류시간 + 지연시간] ·100
- 수집과 보고 : ACD로 수집, 교대근무 상담사 평균하여 보고 관리
- 목표 : 90% 이상
- 관리방법
  - 더 좋은 상담사 교육안
  - 더 좋은 상담사 관리가 필요

14. Percent Abandon

- 정의 : 통화 포기율
  콜센터로 연결되었으나, 상담사, 아웃바운드 호 , 자동응답에 도달 하기
  전에 고객이 통화를 포기한 비율
- 수집과 보고 : ACD로 수집, 일.주.월 단위로 보고
- 목표 : 3%~5%
- 관리 방법
  - 상담원사들의 통화 처리 시간이 길어지는 원인을 규명
  - 1일 수차례씩 포기율을 상담사들에게 공지
  - 상담사 인력 규모 적정성 검도

15. Percent Agent Utilization

- 정의 : 직원 운용율
  [실 통화시간 + 대기시간] /[직원투입시간] ·100
- 수집과 보고 : ACD로 수집
- 목표 : 90% 이상
- 관리 방법
  - 시스템에 접속해 있는 상담사를 백분율로 계산한 것으로 상담하고 있는
    상담사 수를 쉽게 알 수 있다
  - 직원 효용율이 낮다면 상담사들은 상담 외 다른 일을 하고 있음을 의미

16. Percent Attendance

- 정의 : 근무비율
  실제 근무 인원수/근무예정인원수·100을 곱한 것과 같다.
- 수집과 보고 : 데이터에서 자동으로 계산
- 목표 : 95% 이상
- 관리 방법
  - 근무 비율이 낮다면 상담사에게 동기부여 하기
  - 근무비율이 낮다면 상담사 개인적 문제가 있는지 파악하기 위한 면담하기

17. Percent Blocked Calls

- 정의 : 통화 연결 불능율
  전화가 통화 중이라 ACD 에 연결조차 되지 않는 고객의 수를 의미한다
- 수집과 보고 : ACD와 전화서비스 공급자에 의해 매 시간 수집되어야 한다
- 목표 : 1~3%
- 관리 방법
  - 인입호가 많을 경우 외부에 도움을 청한다
  - 통화연결 불능율이 높다면 근무 직원을 증원시켜야 한다

18. Percent on the calls Handled First Calls

- 정의 : 최초 상담한 콜의 성공 비율
  최초 콜 문제를 해결하기 위해 콜센터에서 추가적으로 발생한 상담사들의
  적절한 재콜은 최초 상담콜 비율에 포함하지 않는다
- 수집과 보고 : ACD에서 수집. 상담사.콜센터 일자별 보고
- 목표 : 85% ~ 100%
- 관리 방법
  - 즉시 응답하여 측정하고, 콜백비용으로 발신자 불만을 해소한다
  - 상담사들에게 발신자의 재질문 해결과 콜백요구에 대해 권한을 부여한다
  - 상담사와 연관된 문제해결에 중요한 교육 실시

19. Percent of Calls Placed in Queue

- 정의 : 통화대기율 (대기중이던 통화 수를 총 인입 통화수로 나눈 비율)
- 수집과 보고 : ACD에서 수집, 주단위 검증
- 목표 : 10% ~ 20%
- 관리 방법
  - 정규근무, 시간제 근무, 아웃소싱으로 상담사 증원을 연구한다
  - 지표의 증가를 아는 것으로 전화비용 증가의 주요 근본 원인을 연구할 수 있다

20. Percent of Calls Transferred

- 정의 : 최초 상담사가 다른 누군가에게 통화를 전환한 비율
- 수집과 보고 : ACD를 통해 일별.주별.월별 상담사 리포트가 가능하다
  주단위 피드백이 좋다
- 목표 : 100콜당 1콜
- 관리방법
  - 상담사가 차별화된 스킬을 보유하고 있다면, 스킬기반 라우팅 시도
  - 호전환시 발신자에 대한 기록을 자동적으로 호전환 연결하면 시간과 비용절감 가능
  - 호전환이 많은 호는 문제의 징조로 볼 수 있다
  - 다량의 호전환은 비용이다
  - 변동되는 리포트를 통해 호전환을 감소시킬 수 있는 해결책을 마련한다

참고 및 출처: COPC®Glossary(2008)

상담사 직무 공개 강좌 세미나

● **윤서영커리어컨설팅과 함께하는 행복한 워크숍이란?**

나만의 직업에 도전해 보고 싶으신가요?
관리자로서 나만의 관리기법을 구축해보고 싶습니까?
상담사로서 직업에 대한 자부심과 관심이 있으신가요?
고객으로서 나는 '상담사'를 바로 보고 있습니까?

일반과정	직업 리마인드 과정, 나의 미래를 설계하는 프로그램, 고객으로서의 관점변화 등
리더십 과정	실적관리 및 분석방안, 코칭 및 세부관리기법 등 KPI를 관리하기 위한 모든 프로그램
상담사 과정	상담사 직업 리마인드, 베스트 상담사 과정, 불만고객 상담 스킬 등 직업으로서 상담사의 길을 찾을 수 있도록 도와주는 프로그램

세미나 문의 및 신청

윤서영커리어컨설팅 : http://www.yooncareer.co.kr
T. 070-8116-8867, F. 070-4115-8867, M. 010-6838-0403
교육문의 : e-mail home6678@naver.com

고객의 마음을 사로잡는 상담사
누구나 될 수 있다

1판 1쇄 | 인쇄 | 2013년 03월 05일
1판 1쇄 | 발행 | 2013년 03월 08일

지은이 | 윤서영
발행인 | 이용길
발행처 | **모아북스**
         MOABOOKS

관리 | 정윤
디자인 | 이룸

출판등록번호 | 제 10-1857호
등록일자 | 1999. 11. 15
등록된 곳 | 경기도 고양시 일산동구 호수로(백석동) 358-25번지
            동문타워 2차 519호
대표 전화 | 0505-627-9784
팩스 | 031-902-5236
홈페이지 | http://www.moabooks.com
이메일 | moabooks@hanmail.net
ISBN | 978-89-97385-26-3 03320